目 录

1. 对烟火感兴趣的小家伙 /1

2. "发明狂" 父亲 /9

3. 艰难岁月 /15

4. 圣彼得堡 /23

5. 欧美之旅 /33

6. 战争运气的沉浮 /39

7. 硝化甘油 /49

8. 第一项专利 /61

9. 埃米尔之死 /69

10. 这条路我走定了 /79

11. "达那炸药"的诞生 /89

12. 把火药推向全世界 /97

13. 胶炸药 /105

14. 企业家诺贝尔 /111

15. 发明"巴立斯梯" /117

16. 遭受迫害 /123

17. 圣莫雷研究所 /129

18. 其他工业发明及事业 /137

19. 诺贝尔奖 /143

<ruby>对<rt>duì</rt></ruby> <ruby>烟<rt>yān</rt></ruby> <ruby>火<rt>huǒ</rt></ruby> <ruby>感<rt>gǎn</rt></ruby> <ruby>兴<rt>xìng</rt></ruby> <ruby>趣<rt>qù</rt></ruby> <ruby>的<rt>de</rt></ruby> <ruby>小<rt>xiǎo</rt></ruby> <ruby>家<rt>jiā</rt></ruby> <ruby>伙<rt>huo</rt></ruby>
1.对烟火感兴趣的小家伙

"<ruby>嘭<rt>pēng</rt></ruby>！" <ruby>炸<rt>zhà</rt></ruby><ruby>裂<rt>liè</rt></ruby><ruby>的<rt>de</rt></ruby><ruby>罐<rt>guàn</rt></ruby><ruby>子<rt>zi</rt></ruby><ruby>发<rt>fā</rt></ruby><ruby>出<rt>chū</rt></ruby><ruby>很<rt>hěn</rt></ruby><ruby>大<rt>dà</rt></ruby><ruby>的<rt>de</rt></ruby><ruby>声<rt>shēng</rt></ruby><ruby>音<rt>yīn</rt></ruby>，<ruby>盖<rt>gài</rt></ruby><ruby>子<rt>zi</rt></ruby><ruby>被<rt>bèi</rt></ruby><ruby>掀<rt>xiān</rt></ruby><ruby>得<rt>de</rt></ruby>

<ruby>老<rt>lǎo</rt></ruby><ruby>高<rt>gāo</rt></ruby>，<ruby>大<rt>dà</rt></ruby><ruby>家<rt>jiā</rt></ruby><ruby>都<rt>dōu</rt></ruby><ruby>被<rt>bèi</rt></ruby><ruby>这<rt>zhè</rt></ruby><ruby>声<rt>shēng</rt></ruby><ruby>巨<rt>jù</rt></ruby><ruby>响<rt>xiǎng</rt></ruby><ruby>吓<rt>xià</rt></ruby><ruby>了<rt>le</rt></ruby><ruby>一<rt>yí</rt></ruby><ruby>跳<rt>tiào</rt></ruby>，<ruby>跑<rt>pǎo</rt></ruby><ruby>出<rt>chū</rt></ruby><ruby>屋<rt>wū</rt></ruby><ruby>外<rt>wài</rt></ruby><ruby>观<rt>guān</rt></ruby><ruby>看<rt>kàn</rt></ruby>，

<ruby>只<rt>zhǐ</rt></ruby><ruby>看<rt>kàn</rt></ruby><ruby>见<rt>jian</rt></ruby><ruby>躲<rt>duǒ</rt></ruby><ruby>在<rt>zài</rt></ruby><ruby>大<rt>dà</rt></ruby><ruby>树<rt>shù</rt></ruby><ruby>后<rt>hòu</rt></ruby><ruby>面<rt>mian</rt></ruby><ruby>的<rt>de</rt></ruby><ruby>诺<rt>nuò</rt></ruby><ruby>贝<rt>bèi</rt></ruby><ruby>尔<rt>ěr</rt></ruby><ruby>和<rt>hé</rt></ruby><ruby>地<rt>dì</rt></ruby><ruby>上<rt>shang</rt></ruby><ruby>那<rt>nà</rt></ruby><ruby>个<rt>ge</rt></ruby><ruby>破<rt>pò</rt></ruby><ruby>瘪<rt>biě</rt></ruby><ruby>的<rt>de</rt></ruby><ruby>铁<rt>tiě</rt></ruby><ruby>罐<rt>guàn</rt></ruby>，

<ruby>空<rt>kōng</rt></ruby><ruby>气<rt>qì</rt></ruby><ruby>中<rt>zhōng</rt></ruby><ruby>还<rt>hái</rt></ruby><ruby>残<rt>cán</rt></ruby><ruby>留<rt>liú</rt></ruby><ruby>着<rt>zhe</rt></ruby><ruby>浓<rt>nóng</rt></ruby><ruby>浓<rt>nóng</rt></ruby><ruby>的<rt>de</rt></ruby><ruby>火<rt>huǒ</rt></ruby><ruby>药<rt>yào</rt></ruby><ruby>味<rt>wèi</rt></ruby>。

"<ruby>爸<rt>bà</rt></ruby><ruby>爸<rt>ba</rt></ruby>，<ruby>你<rt>nǐ</rt></ruby><ruby>的<rt>de</rt></ruby><ruby>工<rt>gōng</rt></ruby><ruby>厂<rt>chǎng</rt></ruby><ruby>是<rt>shì</rt></ruby><ruby>做<rt>zuò</rt></ruby><ruby>什<rt>shén</rt></ruby>

<ruby>么<rt>me</rt></ruby><ruby>的<rt>de</rt></ruby>？"

"<ruby>制<rt>zhì</rt></ruby><ruby>造<rt>zào</rt></ruby><ruby>火<rt>huǒ</rt></ruby><ruby>药<rt>yào</rt></ruby>。"

1

"火药有什么用，是用来做烟火的吗？"

"不！我们的火药是用来装在枪、大炮和水雷里的。"

"什么是水雷啊？"

"是一种埋藏在水面下不动的武器，当敌人的舰队经过时，一碰到它，便会发出巨大的爆炸，把敌人的军舰炸坏了。"

"它的威力好大呀！"

诺贝尔和他的两个哥哥听着这些陌生的名词，并没有感到恐惧，他们只是产生一种对大自然的好奇与惊讶：

"原来除了花草树木、天地海洋，大自然里还有那么多奇异的谜啊！"

cóng zhè yí cì cān guān bà ba de gōng chǎng zhī hòu nuò bèi ěr jiù gèng jiā qín
从这一次参观爸爸的工厂之后，诺贝尔就更加勤

fèn de yuè dú gè zhǒng shū jí yóu qí shì yǒu guān kē xué yán jiū de jī běn yuán zé
奋地阅读各种书籍，尤其是有关科学研究的基本原则，

yǒu guān jī xiè wù lǐ huà xué fāng miàn de shū tā xiǎng ràng zì jǐ kuài yì diǎn er
有关机械、物理、化学方面的书，他想让自己快一点儿

míng bai bà ba shuō de nà xiē mò shēng de dōng xi
明白爸爸说的那些陌生的东西。

tā měi tiān dōu yào zhǎo jī huì qù bà ba de gōng chǎng nà xiē kuài sù zhuàn dòng
他每天都要找机会去爸爸的工厂，那些快速转动

de jī qì shēn shēn de xī yǐn le tā
的机器深深地吸引了他。

rán ér tā fā xiàn gèng yǒu qù gèng hǎo wán de dōng xi jiù shì zhuāng rù dì
然而，他发现更有趣更好玩的东西，就是装入地

léi huò shuǐ léi zhōng de huǒ yào
雷或水雷中的火药。

nuò bèi ěr céng tōu tōu de bǎ huǒ yào dài huí
诺贝尔曾偷偷地把火药带回

jiā wèi le bú ràng fù qin fā xiàn tā yòng zhǐ
家，为了不让父亲发现，他用纸

dài zhuāng shàng huǒ yào qiāo qiāo de sāi dào yī fu lǐ dài
袋装上火药悄悄地塞到衣服里带

huí lai
回来。

tā yòng dài huí de huǒ yào zuò yān huo wán
他用带回的火药做烟火玩。

tā bǎ huǒ yào fàng jìn zhǐ tǒng li rán hòu shù lì zài
他把火药放进纸筒里，然后竖立在

空旷的草地上，点着火后，火药就会咝咝作响，在黑暗的夜空中喷出美丽的火花。

每当这时候，诺贝尔就又欢呼又跳跃，庆祝自己的成功，并在心里暗暗下决心，要做出比这个更好的东西。

他模仿父亲的发明，尝试着自制地雷。

他先把火药粉用纸包成团，再用韧性较强、不易破碎的纸搓成长条，作为导火线。将导火线点燃后，他就飞快地跑到远处的大树后面躲起来，生怕引爆后的地雷伤着自己。

但这一切都是多余的，那"地雷"也只是咝咝作响而已。

"真没意思，这哪里像炸弹，一点儿也不好玩。对了，我可以用空铁罐试试看，也许会更像爸爸的地雷。"

诺贝尔一边自言自语，一边溜回家里，翻出一个小铁罐。

他把火药装入空铁罐，又把盖子封紧，只留出导火线。再试试看。

"嘭！"炸裂的罐子发出很大的声音，盖子被掀得老高，大家都被这声巨响吓了一跳，跑到屋外观看，只见躲在大树后面的诺贝尔和地上那个破瘪的铁罐，空气中还残留着浓浓的火药味。

诺贝尔的调皮惹恼了父亲，父亲再也不让他玩火药了。

当诺贝尔再到工厂时，员工们早已经听说了这件事，谁都不敢让他接近火药。当他壮着胆子请他们给一点火药时，马上就被工人们拒绝了。

"不行，不能玩这种危险的东西，去玩点儿别的吧！"

说着，就把他给赶了出来。

"哼！不给？那我就自己来制造火药。"诺贝尔气呼

5

呼地对自己说。

他在父亲的书架上，找出化学读本，翻寻火药的制造方法。原来火药就是用硝石、木炭和硫磺混合制成的，难怪它黑不溜秋的。

"木炭容易找到，家里多的是，硫磺也可以从火柴上刮下来，那么硝石怎么才能弄到手呢？"

想了想，诺贝尔又暗暗欢喜地来到工厂，爸爸不让他碰火药，没说不让他碰别的呀！

他在药品库中找到装硝酸钾的瓶子，并把里面的白色粉末倒在小袋子中，拿回家后立刻关起房门开始做他的实验。

6

xiāo suān jiǎ jiù shì kuàng
硝酸钾就是矿
wù xiāo shí de zhǔ yào chéng fèn
物硝石的主要成分，
bǎ tā hé tàn fěn hùn hé zài jiā
把它和炭粉混合再加
shàng liú huáng jiù zuò chéng le hēi
上硫磺就做成了黑
sè huǒ yào
色火药。

nuò bèi ěr xiǎo xin yì yì
诺贝尔小心翼翼
de bǎ wēi liàng hùn hé fěn mò fàng
地把微量混合粉末放
zài pán zi zhōng diǎn rán
在盘子中点燃。

sī de yì shēng huǒ
"咝"的一声，火
yào mào chū le bái yān
药冒出了白烟。

zhēn shì bù zhōng yòng de dōng xi yì diǎn wēi lì yě méi yǒu gāi shì sān zhǒng
"真是不中用的东西，一点威力也没有！该是三种
yào fěn de bǐ lì bú duì ba
药粉的比例不对吧！"

tā yòu gǎi biàn hùn hé liàng chóng xīn kāi shǐ shí yàn
他又改变混合量，重新开始实验。

zhōng yú ràng tā zhǎo chū le yì zhǒng zuì jiā hùn hé bǐ lì wēi lì xiǎn zhù
终于让他找出了一种最佳混合比例，威力显著
zēng qiáng
增强。

yú shì nuò bèi ěr yòu kāi shǐ wán tā de dì léi yóu xì le bú guò
于是，诺贝尔又开始玩他的"地雷"游戏了，不过
bú shì zài tā jiā fù jìn de cǎo dì shang ér shì dào yuǎn chù de shā tān yǐ jí shù lín
不是在他家附近的草地上，而是到远处的沙滩以及树林
shēn chù
深处。

zài shí yàn zhōng tā bú duàn zǒng jié jīng yàn bìng qiě hái fā xiàn yí gè yǒu guān
在实验中他不断总结经验，并且还发现一个有关
zhà yào de zhòng yào de jī běn yuán lǐ huǒ yào bāo zā de yuè jǐn bào zhà de qiáng
炸药的重要的基本原理：火药包扎得越紧，爆炸的强

度就越大。

就这样，从游戏中他完成了一个突破，从玩火药到研究炸药，为他以后从事的炸药事业跨出了重要的一步，诺贝尔后来的成功离不开他对自然的好奇，对书本的钻研，以及反复的实验，和对危险的无畏。他情不自禁地欢呼："哈哈！我成功了！"

其实，诺贝尔之所以从小就对炸药有浓厚的兴趣，主要是受他父亲的影响。因为，他的父亲是个"发明狂"。

2. "发明狂"父亲

"伊曼纽尔真是个发明狂，谁找了这么一个性格怪异的丈夫，不倒霉才怪呢！"左邻右舍看到他挖空心思地去琢磨那些莫名其妙的东西，都议论纷纷。

诺贝尔的父亲伊曼纽尔·诺贝尔，1801年出生在瑞典的一个港口城市。

他小的时候不爱念书，连初等教育都未受完，所以他不善文字，连造句都觉得困难。但是天无绝人之路，他体魄健壮、腕力过人且乐观开朗，加上他外婆家的亲戚有不少人是在船上工作的，所以在14岁时就同他们一起上船当了水手。

9

随着贷船，他周游了各国。浩瀚的大海开阔了他的胸怀，各国的见闻增长了他的知识，船上各种性能的机械装置、动力机器尤其使他爱不释手。

三年以后，他回到家乡。

由于他熟悉机械原理，又具有画图才能，回家后在一位建筑师手下做学徒。他勤奋好学，一年之后，就进了大学，学习建筑工程。入校后，他充分展示自己的天分，先后三次获得学校颁发的建筑奖。

他热衷于制图与新发明。当时他的新设计有"精巧的活动房屋"、"印布机"、"刨木机"、"碾米机"。

后来，他还自筹资金建立了一个橡胶厂，生产一种橡皮囊。打仗时士兵可把它带在身边当背包装东西；当士兵渡河时，将橡皮囊充气，立

刻就能变成一艘橡皮船。

可惜，瑞典的军队并没有购买这种新式装备。

后来，一个偶然的机会，他发现人们在开凿运河、开采铁矿的时候都是采用人力去挖，既费时又费力。于是，他就萌生了一种想法，要把火药制成炸药，使运河、隧道和筑路等工程建设彻底改变落后、缓慢的面貌，也为自己的事业打开一条生财之道。

于是，他开始整天躲在实验室里搞研究。

左邻右舍看到

他挖空心思地去琢磨那些莫名其妙的东西，都纷纷议论说：

"伊曼纽尔真是个发明狂。"

"谁找了这么一个性格怪异的丈夫，不倒霉才怪呢。"

可偏偏有个温柔美丽的姑娘卡罗琳看中了他的智慧，嫁给了他，养育了四个孩子。

诺贝尔是老三。他出生的时候，家里正陷入困境。伊曼纽尔的橡胶厂被一场大火烧毁了，他欠下了许多债务。

喜得贵子解除了他心中不少的烦恼，看到这个身体虚弱却有着一双聪慧大眼睛的婴儿，

12

伊曼纽尔手拍在自己的胸前，自言自语道：

"这个小家伙将给我带来的是福还是祸？让他给我带来新的希望吧！"

似乎是他的祈祷起了作用，伊曼纽尔的经济情况日益好转起来。

他又开始研究炸药的实验了，直到一天早晨，发生了一件对伊曼纽尔具有转折意义的事。

"轰！"一声爆炸的巨响震得房屋摇晃，门窗格格作响。

"怎么了，天啊，发生了什么事了？"

"快出去看看！"

还沉浸在睡梦中的人们被惊醒了，急急忙忙地跑出屋子，不一会儿，院子里就聚集了一大堆人。

只见伊曼纽尔带着满身的火药味从后院的实验室里跑出来，嘴里大声地说道：

"没事儿，没事儿，大家回去吧，我只是在做个小实验，很抱歉影响大家了！"

"伊曼纽尔，你怎么能这样不顾大家的安危呢？"

"伊曼纽尔，我的天呀，你怎么对这种与死神打交道的游戏这么感兴趣呀？"

"上帝呀，我一定要搬出这个鬼地方。"

……

邻居们七嘴八舌地嚷起来。

事情平息之后，伊曼纽尔觉得瑞典是不能再待了，他想起有一次，俄国商业代表团访问瑞典时，他们的团长哈尔特曼博士曾鼓励过他的研究，并打算支持他。

于是，伊曼纽尔决定去俄国发展他的事业。他含着眼泪告别了妻子和儿子们，并嘱咐他们等着他接他们一起去。

这一年，诺贝尔才四岁。

14

3.艰难岁月
jiān nán suì yuè

"对于你们来说，最重要的是学习。所以，你们不
duì yú nǐ men lái shuō　　zuì zhòng yào de shì xué xí　　suǒ yǐ　　nǐ men bú

要担心钱的事情，要去学习你们感兴趣的东西。"在艰
yào dān xīn qián de shì qing　　yào qù xué xí nǐ men gǎn xìng qù de dōng xi　　zài jiān

难的日子里，妈妈总是这样对孩子们说。
nán de rì zi li　　mā ma zǒng shì zhè yàng duì hái zi men shuō

yī màn niǔ ěr zǒu hòu　　mǔ qīn dài zhe sān gè hái zi shēng huó
伊曼纽尔走后，母亲带着三个孩子生活。

nuò bèi ěr cóng chū shēng de dì yī tiān qǐ　　jiù yì zhí tǐ ruò duō bìng　dòng
诺贝尔从出生的第一天起，就一直体弱多病，动

bu dòng jiù gǎn mào　fā rè　　yào bù rán jiù jìng luán xìng fā zuò　xǔ duō rén dōu shuō
不动就感冒、发热，要不然就痉挛性发作。许多人都说

tā yǎng bù huó　　dàn mǔ qīn réng bào zhe jiān qiáng de xìn xīn qù kān hù tā　zhōng yú
他养不活，但母亲仍抱着坚强的信心去看护他，终于

ràng tā màn màn de chéng zhǎng qǐ lai
让他慢慢地成长起来。

fù qīn zǒu hòu　　mǔ qīn zài sān wèi qīn qi péng you de bāng zhù xia　zài jiā
父亲走后，母亲在三位亲戚朋友的帮助下，在家

de fù jìn kāi le yì jiā xiǎo diàn　zhuān mén mài niú nǎi hé shū cài
的附近开了一家小店，专门卖牛奶和蔬菜。

yóu yú tā duì rén rè qíng　qín miǎn　lè guān　zhōu wéi de rén dōu lè yú
由于她对人热情、勤勉、乐观，周围的人都乐于

bāng zhù tā　　jīng cháng guāng gù tā de xiǎo diàn　xiǎo diàn de shēng yi yì zhí bú cuò
帮助她，经常光顾她的小店，小店的生意一直不错。

dàn wēi bó de lì rùn yě zhǐ néng wéi chí yì jiā sì kǒu de jī běn shēng huó
但微薄的利润也只能维持一家四口的基本生活。

wèi le jiǎn qīng mǔ qīn de fù dān　　suì de dà gē luó bó tè hé　suì de
为了减轻母亲的负担，9岁的大哥罗伯特和7岁的

二哥路德维希，像安徒生童话里卖火柴的小女孩一样，在寒冷的冬天，站在街头巷尾卖起了火柴。

诺贝尔比起他的两个哥哥，显得更加瘦弱，而且文静得多。他很少外出玩耍，绝大部分时间都是在母亲身边度过的。

在天气晴朗的时候，他偶尔也和两个哥哥一起，上街吆喝："卖火柴啦！"

可是他总是心有余而力不足，刚干起来就感到疲惫不堪。

他多么羡慕哥哥和其他那些小孩健康的身体啊！要是他也一样健康的话，不但能多帮妈妈做事情，还可以去上学了。

诺贝尔看到两个哥哥已经上学，羡慕不已。

"妈妈，我能去上学吗？"

"妈妈，你说呀！"不知什么时候，他又来到正在厨房做饭的妈妈身旁，这句话他已经问过许多遍了。

母亲看着他瘦弱的身躯，窄小的脸庞，皮肤白里透青，禁不住用双手温柔地扶着他那瘦削的双肩，轻轻地告诉他说：

"孩子，只要你把身体养好了，很快就会上学的。"

18

1841 年的秋天，诺贝尔终于到了上学的年龄，他进了两个哥哥所在的小学。

诺贝尔一心扑在功课上，全神贯注地听讲，根本忘记了自己虚弱的身体。他爱他的老师，也爱这所著名的学校。

他当时虽然年幼多病，不得不经常请假，但他聪明过人，勤奋认真，学业非但不落后，反而比其他同学更为优秀。因为他身体状况不能上学时，他就在家里读自己喜爱的书和课本，或画画，或写作文。

19

tā de zuò wén jīng cháng dé dào lǎo shī de biǎo yáng　　lǎo shī duì tā de mǔ qīn
他的作文经常得到老师的表扬。老师对他的母亲

shuō　　nuò bèi ěr cōng mǐn hào xué　　gōng kè yí xiàng hěn hǎo　　yóu qí shì zuò wén
说："诺贝尔聪敏好学，功课一向很好，尤其是作文。

suī rán tā fù qīn shì xué jiàn zhù de　　dàn tā yǐ hòu kǒng pà huì hé fù qīn zǒu xiāng fǎn
虽然他父亲是学建筑的，但他以后恐怕会和父亲走相反

de lù xiàn　　chéng wéi yí wèi yōu xiù de wén xué jiā
的路线，成为一位优秀的文学家。"

zài jiā li　　　nuò bèi ěr kàn mǔ qīn zhōng rì máng ge bù tíng　　zǒng xiǎng bāng zhù
在家里，诺贝尔看母亲终日忙个不停，总想帮助

tā zuò dian shén me　　ér mǔ qīn zǒng shì shuō　　duì yú nǐ men lái shuō　　zuì zhòng yào
她做点什么，而母亲总是说："对于你们来说，最重要

de shì xué xí　　suǒ yǐ　　nǐ men bú yào dān xīn qián de shì qíng　　yào qù xué xí nǐ
的是学习。所以，你们不要担心钱的事情，要去学习你

men gǎn xìng qù de dōng xi
们感兴趣的东西。"

yǔ cǐ tóng shí　　yī màn niǔ ěr　　hái zi men de fù qīn yě zài jìn xíng jiān kǔ
与此同时，伊曼纽尔，孩子们的父亲也在进行艰苦

de fèn dòu
的奋斗。

tā chū dào é guó shí shēn wú fēn wén   liǎng shǒu kōng kōng   dàn tā shì dài zhe
他初到俄国时身无分文、两手空空。但他是带着

jì shù lì liang   shí jiàn fāng àn lái de
技术力量、实践方案来的。

zǎo zài ruì diǎn de shí hou   tā jiù kāi shǐ yán jiū dì léi hé shuǐ léi   dào é
早在瑞典的时候，他就开始研究地雷和水雷。到俄

guó hòu   tā bǎ zhè ge jiàn yì xiàng é guó de jūn bù tí chū   xī wàng tā men zī
国后，他把这个建议向俄国的军部提出，希望他们资

zhù tā shēng chǎn   què méi yǒu rén bāng zhù tā
助他生产，却没有人帮助他。

dàn tā bì jìng shì ge jiān qiáng de rén   zhè diǎn xiǎo xiǎo de cuò zhé shì dòng yáo
但他毕竟是个坚强的人，这点小小的挫折是动摇

bù liǎo tā de   tā jiān chí bú xiè de gǎi jìn zì jǐ de fā míng
不了他的。他坚持不懈地改进自己的发明。

hòu lái   tā rèn shí le yí wèi é guó jiāng jūn ài gé liè fū   ài gé liè
后来，他认识了一位俄国将军爱格列夫。爱格列

fū bù jǐn shì yí wèi jūn rén   ér qiě yě shì yí wèi rè zhōng yú kē jì de gōng chéng
夫不仅是一位军人，而且也是一位热衷于科技的工程

shī   tā duì yī màn niǔ ěr de fā míng jǐ yǔ le hěn dà de zhī chí   tā zhǎo lái jūn
师，他对伊曼纽尔的发明给予了很大的支持，他找来军

21

部的大官们观看伊曼纽尔的试验。

伊曼纽尔首先在宽敞的草地里埋下了自己发明的地雷，然后让一只狗从对面跑过来。当那只狗踏上了埋在草地里的地雷时，"轰隆"一声，土块满天飞。

那帮没见过这种场面的大官们吓了一跳，回过神后才一个个竖起大拇指啧啧称好。

俄国政府发给了伊曼纽尔一笔奖金，并资助他建立了自己的工厂，专门生产地雷、水雷和火药。

艰难的日子终于过去了。

咚

4. 圣彼得堡

"我已经买了一幢很大的房子，这是赠送给你们的见面礼，请尽快到圣彼得堡来，让我尽早见到你们健康的面容！"分别五年的父亲终于寄来了报喜的信，诺贝尔一家欢欣鼓舞，起程去俄国的圣彼得堡。

这一天，冷风吹着光秃秃的树枝嗖嗖作响。冬天又来了。

诺贝尔三兄弟，每人手里拿了一份成绩报告单，兴冲冲地回家了。

"妈妈，您看，成绩出来了。"三兄弟都是好样的。

"我真高兴，得马上写信告诉你们的爸爸。"

zhèng zài zhè shí   yóu chā zài mén kǒu èn xiǎng le mén líng
正在这时，邮差在门口摁响了门铃。

nuò bèi ěr tài tai   yǒu nín de xìn
"诺贝尔太太，有您的信。"

mǔ qīn fēi kuài de pǎo chū qu   ná xìn   xīng fèn de duì hái zi men
母亲飞快地跑出去，拿信，兴奋地对孩子们

shuō
说：

ō   qīn ài de hái zi men   nǐ men de bà ba lái xìn le   ràng wǒ
"噢，亲爱的孩子们，你们的爸爸来信了，让我

men yì qǐ lái kàn kan
们一起来看看。"

xìn zhōng shuō
信中说：

ràng nǐ men jiǔ děng le   zài guó wài de zhè wǔ nián shí jiān   wǒ shí
"让你们久等了。在国外的这五年时间，我时

kè qiáng rěn zhe duì nǐ men de sī niàn   pīn mìng de gàn huó   wǒ de nǔ lì zuì
刻强忍着对你们的思念，拼命地干活。我的努力最

zhōng méi yǒu bái fèi　　nǐ men yí dìng huì wèi wǒ gāo xìng ba　　wǒ yǐ jīng jiàn le yí
终没有白费，你们一定会为我高兴吧，我已经建了一

zuò gōngchǎng
座工厂。

　　　gōng zuò fāng miàn　　dìng huò dān bú duàn zēng jiā　　zài yě bú yòng dān xīn méi yǒu
　　"工作方面，订货单不断增加，再也不用担心没有

dìng dān le　　　wǒ xiàn zài yǐ jīng gòu zhì le yí zhuàng hěn dà
订单了。我现在已经购置了一幢很大

de fáng zi　　zhè shì zèng sòng gěi nǐ men de jiàn miàn lǐ
的房子，这是赠送给你们的见面礼。

qǐng jǐn kuài dào shèng bǐ dé bǎo lái ràng wǒ zǎo diǎn er jiàn dào
请尽快到圣彼得堡来让我早点儿见到

nǐ men jiàn kāng de miàn róng
你们健康的面容！"

　　　wā　　tài hǎo le　　tài hǎo le　　hái zi men
　　"哇，太好了！太好了！"孩子们

quán dōu huān hū qǐ lái
全都欢呼起来。

　　　mǔ qīn kàn zhe hái zi men　　liú xià le xǐ yuè de
　　母亲看着孩子们，流下了喜悦的

lèi shuǐ
泪水。

几天以后，一家人就起程了，当时交通不发达，他们只能先乘船去芬兰，再由芬兰坐车去圣彼得堡。

13岁的罗伯特、11岁的路德维希和9岁的诺贝尔，他们是第一次坐大帆船，又是去见日夜思念的父亲，他们的喜悦是难以形容的。

他们要么在船头远望前方，要么在船尾观看追赶着帆船的海鸥，要么在甲板上不停地追逐奔跑。

到了芬兰，他们又换上了马车。沿路随着丁当的

líng shēng hé qīng cuì de mǎ tí shēng　　hái zi men yì biān xīn shǎng lù biān de fēng jǐng
铃声和清脆的马蹄声，孩子们一边欣赏路边的风景，

yì biān wèn le mā ma xǔ duō wèn tí
一边问了妈妈许多问题：

shèng bǐ dé bǎo shì yí gè hěn dà de chéng shì ma
"圣彼得堡是一个很大的城市吗？"

nà er jiǎng é yǔ　　wǒ men zěn me shàng xué ne
"那儿讲俄语，我们怎么上学呢？"

bà ba yí dìng huì jiāo wǒ men de ba
"爸爸一定会教我们的吧！"

wǒ men de fáng zi　yí dìng hěn piào liang ba
"我们的房子一定很漂亮吧！"

……

bàn ge yuè zhī hòu　　tā men dào dá le xīn jiā
半个月之后，他们到达了新家。

zhè shì yí zuò hěn piào liang de huā yuán zhù zhái　　tiě lán gǎn dà mén lǐ bian
这是一座很漂亮的花园住宅。铁栏杆大门里边，

shì yí zuò dà de tíng yuàn　　tíng yuàn zhōng shù mù chéng yīn　　chí táng li yóu zhe yú er
是一座大的庭院，庭院中树木成荫，池塘里游着鱼儿，

27

要是在春夏季节准会有各式各样的鲜花盛开。庭院深处，便是二层楼的庄园式住宅，十分壮观。

圣彼得堡没有瑞典人开办的学校，即便进了一般的学校，孩子们也听不懂俄语。

因此，伊曼纽尔就像当地有地位、有钱的人家一样，把教师请到家里来授课。

开始是一位瑞典人，主要教孩子们俄语。

俄语补习完以后，伊曼纽尔改请了一位俄国教师，这是一位修养很高的、文理兼长的出色教师，是一位科学素质很好的工程师，还是一位化学教授。

三个孩子非常尊敬这位老师，并都朝着自己的兴趣努力学习。

有一次，伊曼纽尔对他们说：

"今后你们三兄弟要互相鼓励，努

力求学，这样才能干出比父亲更伟大的事业。罗伯特，你将来打算做什么？"

"我一定要成为伟大的技师！"

"路德维希，那么你呢？"

"我们家以前一直很穷，我要做一个大企业家，要赚许多许多钱。"

诺贝尔不等父亲提问就抢着回答：

"爸爸，我将来要做个发明家！"

其实，伊曼纽尔早就看出来了，诺贝尔最喜欢到他的工厂去，还偷偷地拿回火药来自己做地雷，他经常翻看化学书本，跟自己当年一样，迷上了炸药。

在诺贝尔17岁的时候，父亲开始与母亲讨论起他。

　　"我想让诺贝尔到工厂去工作。"老诺贝尔说出
自己的想法。

　　"是呀！虽然他对文学有兴趣，但他更迷恋技术
方面的工作，会有前途的。"母亲同意父亲的想法。

　　"他想当技师，而且是
发明方面的技师。你看，罗
伯特帮我经营公司，路德
维希负责生产制造方面的
事务，诺贝尔协助我搞发明
创造工作，使工厂不断有
新产品，这该是多么完美的
合作啊！"老诺贝尔对着妻
子洋洋得意地说道。

　　"发明创造可不是简单

的工作呀！”

“所以我打算让诺贝尔去美国留学，学到最先进的技术回来。”

“啊，到美国？让诺贝尔一个人飘洋过海到遥远的美国去？”母亲紧张起来。

“不是吗？你又把他当小孩子了，美国有我的一位朋友，他是瑞典去的发明家，叫艾立克逊，我想让诺贝尔去跟他学习发明研究。”

“好是好，但要诺贝尔自己一人去那么远的美国，我不放心。他身子单薄，从来没有离开过我，他一个人能独立生活吗？”

“不要紧的。我再说一遍，他不是小孩子了。我了

解他，他是个勤奋坚强的孩子。

真要疼爱自己的子女，就应让他

经常外出，才不致孤陋寡闻。"

老诺贝尔只身一人在外闯

荡五年，取得了很大进步，他要儿

子也到外面的世界去增长才智。他

接着又说："前一阵，艾立克逊来信

说他正在从事热空气发动机的研

究，就让诺贝尔跟着他一起去研究

吧！"

"什么是热空气发动机？"

"让诺贝尔去了解吧！"

就这样，诺贝尔离开了温暖的

家，去到一个陌生的国度，学习

他热爱的东西。

5.欧美之旅

丹麦、德国、法国、英国、美国……广阔的游历开阔了诺贝尔的眼界；在美国的学习增长了他的知识。未来的"发明家"日渐成熟了……

1850年，17岁的诺贝尔首次独自开始了求学的旅行。首先，他乘船回到了他的祖国——瑞典。首都斯德哥尔摩养育了他，如今分别八年了，他多么想念她啊。在那儿，他主要是走亲访友，回味儿时的欢乐。

离开瑞典，他去了丹麦的首都哥本哈根，拜访了哥本哈根大学的学者名流。

然后，他到了德国著名的港口城市汉堡，在这里，他参观了许多大型的工业企业，并萌发了以后自己创办企业的想法。

接着，他去了向往已久的法国首都巴黎。在巴黎，他拜访了大学的研究所，观看了各种实验，并且结识了不少科学家，通过他们，勤奋好学的诺贝尔了解了发达国家大量的科技新成就。

告别巴黎，他来到英国，参观了这里的世界博览会。他对伦敦大学流连忘返。但由于交通不便，他没有去著名的牛津大学和剑桥大学。

短暂的旅游使他精神焕发，身体也比在家时好多了。

他的首要任务是去美国。因此，他踏上了从伦敦到纽约的长达3200海里的漫长航程。颠簸的船只、孤独的生活，使他倚着栏杆，浮

34

xiǎng lián piān
想联翩。

"正一步步接近的美国，究竟是
什么模样？是一个朝气蓬勃的新天地
吗？那又有什么新的情况在等待着我
呢？它有欧洲这样的很大的城市吗？
它是一片广阔的牧场，还是盛产石油
和钢铁的工业大国……"

来到纽约，前来迎接他的，正是
他父亲的朋友艾立克逊。

"亲爱的诺贝尔，你终于来了！"

艾立克逊伸出双臂，紧紧地拥抱了诺贝尔。

"艾立克逊叔叔，见到您真是太高兴了。"

"噢，我的孩子，来到纽约，你就来到了一个精彩
的世界，叔叔会带你四处玩玩的。"在回家的路上，艾
立克逊开始向诺贝尔介绍起五光十色的纽约生活来。

"艾立克逊叔叔，真是谢谢您的好意，不过，我对
您的实验室有更大的兴趣。"诺贝尔一心想尽快地进入
学习。

"好的，好的，你很快就会见到它的……"

在艾立克逊的实验室里，诺贝尔确实学到了许多
东西。他帮助艾立克逊从事热空气研究工作，即用火

和高温产生膨胀空气来代替蒸汽发动机引擎。

诺贝尔从这项研究中，学到了物体燃烧发热使气体膨胀，从而产生巨大推动力的原理。他学习勤奋，求知若渴。凡是经他耳闻目睹的重要事情，都能被他敏锐地吸收。

有一次，到了吃饭时间，诺贝尔还没有从实验室里出来。家里的佣人就去叫他：

"诺贝尔先生，是吃饭的时间了，艾立克逊先生在等您。"

"我马上就来。"诺贝尔慢慢走出实验室，脑子里还想着实验中的问题。

他坐到餐桌旁边，心不在焉地与艾立克逊打了个招呼，然后拿过一只小汤碗，伸手去盛汤。舀了几下，突然听见对面的艾立克逊发出一阵爽朗的笑声。

原来，他把一把小餐刀当作汤匙了！

经过两年的刻苦学习，诺贝尔的学业已经有了很大的进步，可是孤身一人来到遥远的

国度，他的内心交织着复杂的情感。他想念年逾50的
父亲、关心着他的母亲，更挂念年幼的弟弟埃米尔，他
又长高了吗？

于是，他决定起程回家。

艾里克逊先生在惜别之际，对这位有远大前途的
青年说："你的天资极好，只要你有勇气，勤奋努力，
一定会成为卓越的科学家。我企盼着你成功。诺贝尔，
告诉我，你的理想是什么？"

"我一直想当个科学家，用我的发明成果为人类
造福。"

带着儿时的远大理想，以及学成的知识，诺贝尔
踏上了回家的路。

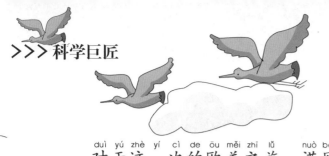

duì yú zhè yí cì de ōu měi zhī lǚ　　nuò bèi ěr xiě xià le zhè yàng de shī jù
对于这一次的欧美之旅，诺贝尔写下了这样的诗句：

wǒ zài qīng chūn nián shǎo shí
我在青春年少时，

yì rán lí bié jiā xiāng
毅然离别家乡，

yuǎn dù chóng yáng
远渡重洋，

dào yì guó lǚ xíng
到异国旅行；

màn màn dà hǎi bìng wèi shǐ wǒ liú
漫漫大海并未使我留

lián
连，

yīn wei wǒ xiōng zhōng de hǎi yáng gèng
因为我胸中的海洋更

jiā hào hàn jī dàng
加浩瀚激荡！

……

6.战争运气的沉浮

1854年俄国与英、法之间爆发了战争。战争给人民带来的是流血、痛苦和死亡，但给老诺贝尔带来了机遇，他制造的水雷在战争中发挥了不小的作用，军部的订单源源不断地送到老诺贝尔的工厂……

1852年的7月，诺贝尔终于回到了日思夜想的亲人身边。

"诺贝尔，你已经长大了。"母亲高兴地拥抱着他。

"是呀，转眼两年过去了！不过，你看起来脸色不太好。"老诺贝尔关切地说。

"没关系，只是长途跋涉，有点疲劳。看到爸爸妈妈身体硬朗，我一点也不累了！"此时，老诺贝尔已经52岁了。

"是呀，我们身体一直不错，公司业务也相当景气。"爸爸笑着说。

"咦，哥哥他们呢？埃米尔呢？"

"哦，他们都在厂里呢，现在你大哥罗伯特是公司经理，路德维希是工厂厂长。厂里的事全由他们负责，我轻松多了。"爸爸欣

慰地说。

"这真是太好了，我要以他们为榜样，也要为工厂多做贡献！"

"那当然咯。诺贝尔，你这趟去外国，确实懂事多了。"妈妈一边说着，一边拉出躲在她身后的埃米尔，"快叫哥哥。"

埃米尔长高了不少，一头浅黄的头发，衬托他那略有雀斑的瘦小脸蛋，显得机灵而胆怯。他叫了声"哥哥"，旋即又躲到妈妈的身后。

"对了，诺贝尔，你学的是理化，希望你把学到的理论，应用到工厂的作业上，解决一些实际问题。"父亲对诺贝尔寄予了很高的希望。

"我一定尽力而为，像哥哥们那样努力工作。"

第二天，诺贝尔就到工厂上班了。他先从见习生做起，除学习各类机械车床的操作外，也学习机

床的修理和故障的排除。这些都是会搞得满身油污的笨重粗活，可是诺贝尔却对这种实地的工厂见习兴趣浓厚。

另外，他还跟着罗伯特学习办公室中的事务，例如将钢铁原料和各种机械的价格记下来，做成账目或统计报表，以及研究经营公司业务方面的诀窍。

每到晚上，他仍不间断地阅读各种有关火药和机械制造的参考书，并从事机械改良的设计和新产品的研制。

诺贝尔每日超负荷地工作，往往是在太阳下山后也不回家，依然留在工厂实验室里从事各种研究。并帮助父亲搞水雷的试验，后来，终于使水雷的研制顺利完成。

这时候，国际形势已严重恶化，俄国与英国、法国之间的战争爆发了。俄国沙皇下令全国的制造厂大力生产武器。

老诺贝尔获得这个信息后分外激动，他决定动用全部资金作为投资：建厂房、购机器、备原料、雇工人。他们重新修建了一座工厂来制造各种专门的机器和水雷。

战争带给人民的是流血、痛苦和死亡，带给老诺贝尔的却是机遇。他的水雷引起了政府的兴趣，他们要老诺贝尔制造大批水雷，并尽快用这些水雷在俄国的海域内设访。因为当时俄国的海军不如英国，所以这种主要用于防御的水雷就非常有用了。

诺贝尔这下可有的忙了！在圣彼得堡，因为三个

儿子中只有他对水雷的制造最精通，所以，工厂的实验室里总离不开他；他对西欧各国又有一些了解，并懂得几个主要国家的语言，于是父亲又派他出访西欧，目的是谋求一些机械制造的图纸及现成设备。

他们制造的水雷在战争中起了巨大的威慑作用。

一次，一个英国水手在俄国的海域里发现了一枚水雷，从水底把它捞上来，放在甲板上，然后找来专家，加以精密查验，结果一不小心，水雷在他们的甲板上爆炸，炸死炸伤了好几个人。英国人对俄国水雷不敢再轻举妄动。

还有一次，一只俄国的船，本应该由领航员指示路线行走，但船长不听，非要从埋置水雷的航线冲过，结果引得水雷爆

炸，把船舱炸得千疮百孔。英国人目击了这个事故，
从而彻底地放弃了用海军从各港口攻入的计划。

现在，军部的订单源源不断地送到了诺贝尔家的
工厂。

他们的工厂开足马力生产，并继续扩建。在战
争的第一年年底，工厂雇用了1000名工人，为一些
船只制造机器和其他设备，并把它们改装成蒸汽机
发动的军舰。

诺贝尔一家对这项工程本来没有经验，他们依靠
诺贝尔在美国学到的知识和从英
国带来的图纸，终于交付了俄
国从未制造过的机器。

一年之内，他们制造了
3台蒸汽发动机，还有
5台螺旋桨推进器。而在生
产这些之前，他们还得预先
制造汽锤、钻床等大型的
工作母机以及准备铸造、

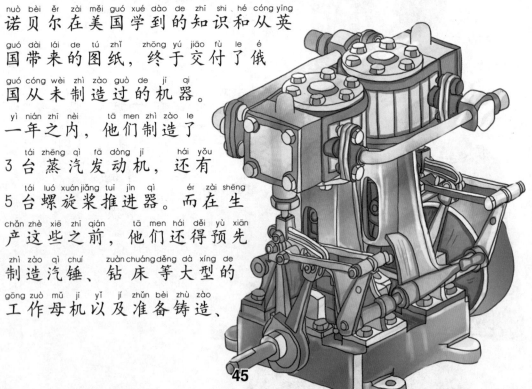

锻炉等重要设备，其工作量之大是可以想象的。

第二年他们的任务更重。政府方面要竭尽全力建造一支强大的舰队，诺贝尔一家又接到了一张更大的订单。紧急订单的内容相当丰富：100艘小型炮艇、14艘海岸炮舰，还有3艘海岸炮舰的发动机和座炮以及6艘巡洋舰的发动机。

在短短的一年时间内要做完那么多的事，也只有诺贝尔家的工厂才能接受任务，并有把握按时交货。于是他们又出资，又借款，又办新厂。

但是祸福相依，灾难突然降临了。

1855年3月21日，好战的旧沙皇尼古拉一世驾崩了，第二年2月1日，俄国与英、法两国的战争因为双方都损失惨重，最后和平谈判，停止了战争。新沙皇亚历山

46

大二世决心改革，他认为导致俄国在战争中未能取胜的原因之一是俄国的军事装备不如英国和法国的。他决定放弃本国工业发展，改由进口国外先进的武器装备，并且下令取消以前同国内企业签订的全部合同。

这个消息突如其来，诺贝尔一家如雷轰顶。以后再也不会有订单了，那么这么多的机器设备的投资如何收回；更可恨的是订了合同的机器已经在生产，有的已制成半成品，有的甚至正准备交货，现在一概取消，怎么处理这批东西呢？

这个决定太过专断，令人难以容忍，沙皇的金口玉言简直要了老诺贝尔的命。

老诺贝尔向沙皇递交了要求补偿损失的申请书，但被退了回来。申

请书其实根本没有呈交沙皇，有谁敢冒犯沙皇，阻碍他"伟大"的改革呢？

祸不单行，偏偏在这个时候，工厂又发生了一场火灾。

老诺贝尔只能宣布破产，将工厂出卖。落叶归根，回到阔别22年的祖国瑞典。

与老诺贝尔同行的，除了妻子卡罗琳外，还有他们16岁的小儿子埃米尔。诺贝尔和两个哥哥则留在圣彼得堡，继续从事自己的事业。

7.硝化甘油

　　诺贝尔把硝化甘油装在小玻璃管中，再放入铁罐里，并在玻璃管周围紧紧地填塞黑色火药，再拖出一根长长的导火线。点火后，诺贝尔把它朝小河的方向扔了出去，随着抛物线状的烟雾到达河心，旋即在水面上升起几人高的一柱壮丽的水花。

老诺贝尔回到瑞典后，罗伯特去芬兰经营公司了，路德维希在圣彼得堡从事制造业，而诺贝尔的兴趣跟两位哥哥不大相同，他还是喜欢搞发明。

他先后发明了瓦斯计测器、流体计测器和气压计。它们虽然都在圣彼得堡申请了专利，但所用原理都比较简单，不算重要的发明。他心思还在令他着迷的炸药上，这次，他决定潜心研究硝化甘油。

硝化甘油原是意大利都灵市的一位化学家索布雷罗1846年发现的，但他当时发现它的性质不稳定，很难用于实际，就没有继续研究。

诺贝尔留学欧美时去过都灵，早就知道索布雷罗和硝化甘油的故事。

还在俄国与英、法交战时期，诺贝尔小时候的家庭教师，俄国化学家齐宁博士和另一位化学专家曾到诺贝尔家说：

"我们有一件非常机密的问题想与诺贝尔先生商量。"

"哦，但愿我能效劳。"

"是有关强力火药的应用问题。"

"我儿子诺贝尔，对这方面较有研究，你们可以和他谈谈。"

诺贝尔被唤到两位专家面前。

"这次战役，对俄国而言实在太艰难了，为了使俄国早日获胜而结束战争，我们想制造威力强大的炸药，可否与贵工厂共同研究？"

"当然可以，不过这太突然了，我们事先并未有周密安排，没有一点头绪呀！"

"这点你不用着急，我这里有强烈的液体爆炸物，但它的威力无法鉴定，是否有实用价值也还没有确定。"齐宁博士说着，拿出一个瓶子来。

"就是这瓶子里的液体……"

"啊！硝化甘油！"不等齐宁博士说完，诺贝尔便脱口而出。

"你知道这种东西，那太好了！"齐宁博士一边说，一边将瓶中液体滴一滴在铁板上，燃烧后只是产生火焰而没有爆炸。

他又滴了一滴，这次是用铁锤来敲打，于是发出了迸裂的爆炸声。

"它的爆炸力总叫人捉摸不透，难以预料。"

"是否因为它是液体的关系呢？"诺贝尔问。

"这的确有点令人困惑！"老诺贝尔在一旁侧着脑袋默默地思考着。

"齐宁先生，这件事就交给我办好了。"诺贝尔极有信心地接过了任务。

"那我就把这瓶硝化甘油留在此地，但你要特别留心，注意安全！"

但在那个时候，诺贝尔还必须在工厂里帮父亲忙着生产水雷和机器。

现在战争结束了，诺贝尔打算继续研究这种有时只是燃烧，有时却会爆炸的怪东西。他发现这种东西不仅可用于制造炸药，还可以用于医学界，它是心脏病患者的有效医疗用品。

诺贝尔仔细研究了索布雷罗早先公开的各种研究报告，在别人成功的经验上起步，这是最快的捷径。

他首先学会了用纯甘油和两份浓硫酸与一份浓硝酸的混合酸合成不溶于水的硝化甘油，然后考虑引爆的具体办法。

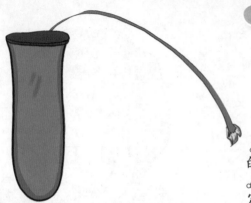

根据索布雷罗的说法，可以做一条含有黑色火药的线芯作为导火线，它有一定长度，把它点燃后，人跑到安全地方，导火线就能引爆硝化甘油。

于是诺贝尔开始实验，他将做好的一根长长的导火线的一端插入装有硝化甘油的小容器，又小心翼翼地在远处导火线的另一端点火。

结果呢？他的恐惧大可不必，因为硝化甘油根本没有爆炸，在产生一些小小的火星后就熄灭了，只在插导火线的小孔里喷出一点硝化甘油。

他又用绳子吊起大铁块，凭借重力让铁块击落到盛放硝化甘油的盘子上，仍旧不爆炸。

55

一再地失败，并没有使诺贝尔气馁。他再去研读索布雷罗的实验结果："把硝化甘油置于盘中，再由底部加热，能够产生爆炸。"

对了！诺贝尔把这句话和以前知道的齐宁博士曾用铁锤敲击板上的一滴硝化甘油而产生轻微爆炸的事实联系了起来，他想到："必须让全部硝化甘油同时加热或同时受到敲击才会发生爆炸！"

这谈何容易。要使少量硝化甘油做到这一条还不难，但在爆破岩石或水雷的情形下，要使大量的硝化甘油都受到敲击或加热就有相当大的难度了。

这下可把诺贝尔难住了，他百思不得其解，就写信到瑞典的家向老父亲求

56

教。一有新的进展，就要求父亲告诉他。

父亲很快回信："我已想出使硝化甘油安全爆炸的方法了，你可试着把硝化甘油渗透到黑色火药里边，这样就可使爆炸成功且安全可靠。"老诺贝尔是研究黑色火药的权威，他自然想到以黑色火药作为突破口。

诺贝尔看着父亲的来信，高兴得几乎跳起来，自言自语地说：

"真行啊！把硝化甘油与黑色火药混合后，容易点燃的黑色火药爆炸后发热，利用由此产生的高温就可均匀而全面地把硝化甘油加热。就是说，这其中产生了二级爆炸，先是黑色火药爆炸，再是硝化甘油爆炸，太妙了！"

诺贝尔想通了，就马上着手试验。结果仍是无效。

正当诺贝尔束手无策时，他突然回忆起小时候玩火药的经验，在他玩"地雷"游戏时，他发现一个原理：火药包扎得越紧，它爆炸的强度也越大。有一次他把火药紧紧地塞在铁罐里，点火后爆炸的巨响差点没把他吓晕了。

于是他把硝化甘油装在小玻璃管中，再放入铁罐里，并在玻璃管周围紧紧地填上黑色火药，再拖出一根长长的导火线。点火后，一声巨响震耳欲聋。他成功了。

他还把大哥罗伯特和二哥路德维希邀到河边，请他们看自己的新发明——手雷。点火后，诺贝尔把它朝小河的方向扔了出去，随着抛物线状的烟雾到达河心，旋即在水面上升起几人高的一柱壮丽的水花。

但这样的硝化甘油炸弹仍不太实用，接着诺贝尔又继续寻求更方便实用的形态。经过多次试验，他最

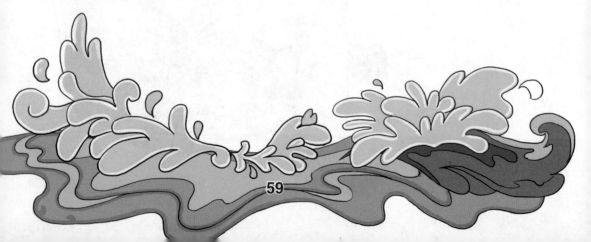

终制成了一种"雷管"，它实际上是拴紧密封了的黑色火药管，把它放在硝化甘油中，不管硝化甘油有多少，都能产生完全的爆炸。

不久新的问题又让诺贝尔坐卧不安、心神不宁了。他设计的雷管体积太大，消耗黑色火药过多。要降低成本，必须找一种黑色火药的代用品，它的用量要小，但引爆硝化甘油的性能更好。

怎样解决这个问题呢？诺贝尔又进入了一个新的探索时期。

dì yī xiàngzhuān lì
8.第一项专利

　　nuò bèi ěr cóng yān wù mí màn de wǎ lì duī zhōng pá le chū lai tā mǎn
诺贝尔从烟雾弥漫的瓦砾堆中爬了出来。他满
shēn huī chén xiān xuè lín lí dà jiā dōu zài dān xīn tā de shāng shì yào tā qù
身灰尘，鲜血淋漓。大家都在担心他的伤势，要他去
zhù yuàn tā què yí yuè ér qǐ yòng mǎn shì xuè wū de shǒu pāi pāi pò suì de gōng
住院。他却一跃而起，用满是血污的手拍拍破碎的工
zuò fú gāo xìng de rè lèi yíng kuàng kuáng hū zhe wǒ chénggōng le wǒ chéng
作服，高兴得热泪盈眶，狂呼着："我成功了！我成
gōng le
功了！"

　　zhèngdāng nuò bèi ěr wèi gǎi jìn tā de léi guǎn ér nǔ lì de shí hou
正当诺贝尔为改进他的"雷管"而努力的时候，

61

tā de fù qīn yòu lái xìn le
他的父亲又来信了。

zhè yí cì lǎo nuò bèi ěr shì xī wàng ér zi néng gòu huí dào ruì
这一次，老诺贝尔是希望儿子能够回到瑞

diǎn péi tā men dù guò wǎn nián
典，陪他们度过晚年。

yú shì nuò bèi ěr shōu shi xíng zhuāng lí kāi shēng huó le nián
于是，诺贝尔收拾行装，离开生活了21年

de shèng bǐ dé bǎo huí dào le gù xiāng sī dé gē ěr mó shì
的圣彼得堡，回到了故乡斯德哥尔摩市。

zhè shí tā duì xiāo huà gān yóu de yán jiū yǐ jīng tū pò le tā fù
这时，他对硝化甘油的研究已经突破了他父

qīn de xiàn zhì tā fù qīn de xiǎng fa réng rán shì bǎ yuán lái guǎng fàn
亲的限制。他父亲的想法，仍然是把原来广泛

yìng yòng de dī xiào de hēi sè huǒ yào zuò wéi bào zhà wù de zhǔ tǐ ér
应用的、低效的黑色火药作为爆炸物的主体，而

bǎ xiāo huà gān yóu jǐn jǐn kàn zuò wéi yǐn bào de fǔ zhù yīn zǐ
把硝化甘油仅仅看作为引爆的辅助因子。

而诺贝尔则把硝化甘油作为爆炸物的主体，把黑色火药仅作为引爆的因子。并且，通过对他制成的初级"雷管"的研究，他决心找出一种新的东西完全取代黑色火药。

回到斯德哥尔摩，他就一头扑在实验上了。

诺贝尔按照自己的想法，进行了一次又一次的实验，否定了一种又一种材料。终于有一次，他发现一种材料与硝化甘油混合之后，放在罐子里，点燃后扔在水中能产生爆炸。

因此，在用这种新材料做试验时，他做好一切准备工作，把父亲和小弟埃米尔都请到现场参观。

诺贝尔熟练地点燃了导火线，等它

燃烧一会儿后，才把他的新"魔盒"扔了出去。

大家静静地等待着，过了好一会儿，它还是没有爆炸。

老诺贝尔忍不住笑了起来。

他的笑声深深地刺伤了诺贝尔的心，他下决心一定要弄个明白。

他再次检查他的设计，看不出有什么疏漏之处。他又做了几次试验，仍然失败。

同样的材料配方，同样的装置，在水里能爆炸，为什么在地面上却像泄了气的皮球，变成哑巴了呢？

他反复思考，终于得出结论，原因是火药封得不严。在水里因为隔着空气，把这个缺陷给弥补了，但在地面上，它连玻璃管都未能炸开，又怎能点燃硝化甘油呢？

zhǎo dào wèn tí de guān jiàn zhī hòu　tā
找到问题的关键之后，他

fēi kuài de huí dào shí yàn shì
飞快地回到实验室。

tā bǎ shǎo liàng de yè tài xiāo huà gān
他把少量的液态硝化甘

yóu zhuāng zài yí gè mì bì de jīn shǔ guǎn li
油装在一个密闭的金属管里，

bìng zài zhè ge mì bì de jīn shǔ guǎn zhōng fàng
并在这个密闭的金属管中放

jìn yí gè zhuāng yǒu xīn cái liào de xiǎo mù guǎn
进一个装有新材料的小木管，

zài cóng xiǎo mù guǎn de gài zi shang sāi rù yì
再从小木管的盖子上塞入一

gēn dǎo huǒ xiàn　　rán hòu yòng fēng qī bǎ guǎn zi
根导火线，然后用封漆把管子

liǎng duān dōu mì fēng de bù liú yì diǎn kòng xì
两端都密封得不留一点空隙。

tā xiǎng dào zì jǐ zhǐ yòng le shǎo liàng de xiāo huà
他想到自己只用了少量的硝化

gān yóu　　wèn tí bú huì tài dà　　suǒ yǐ　　zài shí yàn
甘油，问题不会太大，所以，在实验

shì　　tā jiù diǎn rán le dǎo huǒ xiàn
室，他就点燃了导火线。

zhǐ tīng hōng de yì shēng jù xiǎng　　qià sì
只听"轰"的一声巨响，恰似

tiān bēng dì liè　　shí yàn
天崩地裂，实验

shì nèi wài　　nóng yān gǔn
室内外，浓烟滚

gǔn　　wū li yí piàn láng
滚，屋里一片狼

jí　　guì zi　　shū jià　　zhuō tái　　quán bèi
藉，柜子、书架、桌台，全被

pāo de yuǎn yuǎn de
抛得远远的。

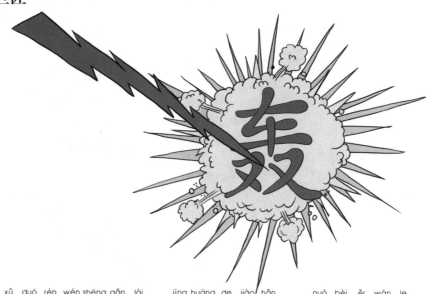

许多人闻声赶来，惊慌地叫喊："诺贝尔完了！诺贝尔完了！"

可是，不一会儿，诺贝尔从烟雾弥漫的瓦砾堆中爬了出来。他满身灰尘，鲜血淋漓。大家都担心他的伤势，要他去医院。

他却用满是血污的手拍拍破碎的工作服，高兴得热泪盈眶，狂呼："我成功了！我成功了！

多少个不眠之夜、多少次失败的记录之后，他终于发现了这种新材料，它是属于水银化合物的雷

汞，能代替黑色火药，用极少量的雷汞装入管中，就足以引发硝化甘油的爆炸。

诺贝尔终于制成了真正以硝化甘油为主的雷管。它在火药史上是继黑色火药之后的又一举世瞩目的伟大成就。因为它的出现使硝化甘油能发挥极强的爆炸威力，以及它被大量地应用于开矿、筑路及武器制造上。

他立刻向瑞典有关部门申请专利。

1863 年 10 月 14 日是个值得纪念的日子。诺贝尔的硝化甘油制品的第一项专利权在他的诞生地——斯德哥尔摩得到批准。专利期 10 年，专利号是"1261"。

手捧专利证书，诺贝尔感慨万千，这是对他多年来辛苦投入的最好回报，这更是以后漫长的科学之路的一个新的里程碑，这条路的过去有太多的辛酸，将来更藏着数不尽的艰难。

9.埃米尔之死

　　火势扑灭后，人们从残留的灰烬中找出五具遗骸，其中一具便是诺贝尔最疼爱的弟弟埃米尔——这个性情温和、善解人意、头脑聪明又办事认真的21岁的青年，为炸药事业献出了年轻的生命。

　　专利证书的获取，好比给诺贝尔打了强心针，使他兴奋不已，他立即与父亲商量，决心抓住时机，乘胜追击。

"爸爸，让我们携起手来，共同创建一个诺贝尔硝化甘油公司好吗？"

老诺贝尔现在对儿子也是充满了信心，更何况这也正是他自己梦寐以求的。他马上支持儿子："想法很好，但到哪儿去弄一大笔资金呢？"

诺贝尔立即离开斯德哥尔摩前往法国，这次他不是去学习，而是四处拜访巴黎的银行家。

他反复向那些大腹便便的投资者说明硝化甘油是什么，为什么说这是一个能赢利的有伟大前景的事业。

但是太遗憾了，这些兜里装满金币的傻瓜们就是不愿借钱给他。

不过，天无绝人之路，幸运之神终于向他伸出援助之手。法国皇帝拿破仑三世听说有关诺贝尔发明强力火药的消息，非常感兴趣，为了维护法国当时的欧洲霸主地位，他需要优良的武器弹药。他下达命令："硝化甘油在军事上将有广泛的用途，银行应该贷款给他，帮助他发展这项事业。"

于是，诺贝尔获得了10万法郎的贷款。他愉快地回到斯德哥尔摩，立即与父亲一起动

71

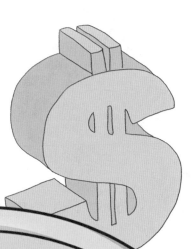

手筹建工厂。

工厂就建在斯德哥尔摩的近郊,规模很小,只有五六个员工。在诺贝尔父子俩的悉心指导与安排下,他们十分忙碌地从事最简陋的硝化甘油制造。

由于当时的肥皂工业已经相当发达,而甘油又是肥皂制作中产生的副产品,所以诺贝尔工厂总是能买到又多又便宜的甘油,用来作为生产硝化甘油的原料。

他们反复地告诫员工们:

"在制作硝化甘油的过程中,要特别小心留意,不要莽撞。"

"一定要把硝酸冷却后才能使用。"

"甘油绝对要一滴一滴慢慢倒入硝酸中混合。"

在这样不紧不慢的工作中，硝化甘油的制成品一批批地生产出来了。

硝化甘油的名声现在已经有所改变了，在采矿业和建筑业中，大家都知道它的威力远远超过过去的黑色火药，它的爆炸力足以使岩石粉碎，使工程进度大大加快。

当时开采岩石的施工方法是这样的：用铁锤锤击凿子，先将岩石钻出一个深深的小洞，再把硝化甘油放进

73

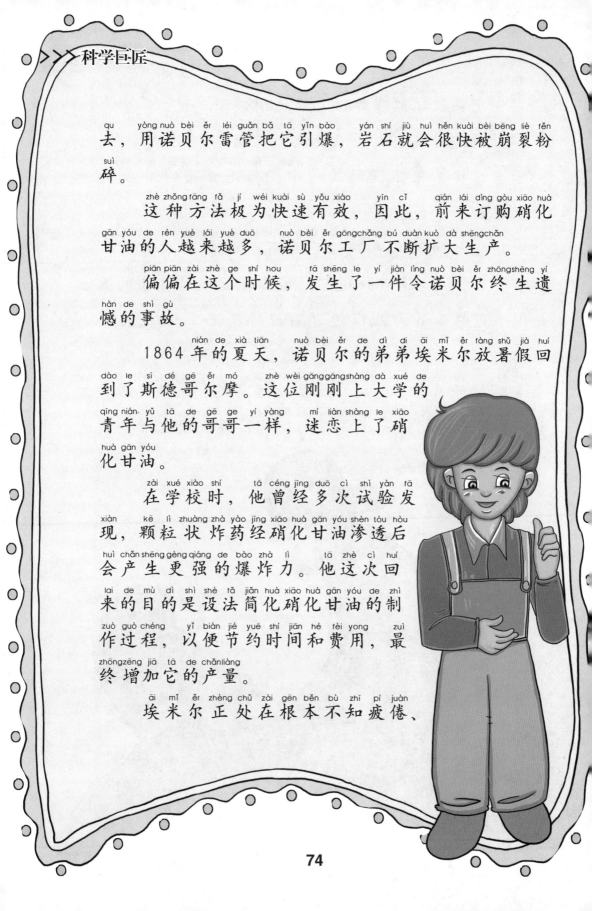

去，用诺贝尔雷管把它引爆，岩石就会很快被崩裂粉碎。

这种方法极为快速有效，因此，前来订购硝化甘油的人越来越多，诺贝尔工厂不断扩大生产。

偏偏在这个时候，发生了一件令诺贝尔终生遗憾的事故。

1864年的夏天，诺贝尔的弟弟埃米尔放暑假回到了斯德哥尔摩。这位刚刚上大学的青年与他的哥哥一样，迷恋上了硝化甘油。

在学校时，他曾经多次试验发现，颗粒状炸药经硝化甘油渗透后会产生更强的爆炸力。他这次回来的目的是设法简化硝化甘油的制作过程，以便节约时间和费用，最终增加它的产量。

埃米尔正处在根本不知疲倦、

^{bù zhī shén me jiào shī bài de nián líng} ^{tā měi tiān dōu zài gōngchǎng shí yàn shì gōng zuò}
不知什么叫失败的年龄。他每天都在工厂实验室工作，

^{zhuā jǐn cóng shì xiāo huà gān yóu zhì zuò de jiǎn huà gōng zuò} ^{jià qī bù cháng tā xiǎng}
抓紧从事硝化甘油制作的简化工作，假期不长，他想

^{lì yòng yǒu xiàn de shí jiān qǔ dé jù dà de jìn zhǎn}
利用有限的时间取得巨大的进展。

^{yuè rì nuò bèi ěr hé tā de fù qin wèi le qiān dìng yí fèn zhòng yào}
9月3日，诺贝尔和他的父亲为了签订一份重要

^{de hé tong yào jìn chéng qù}
的合同，要进城去！

^{lín xíng qián tā men zài sān dīng zhǔ āi mǐ ěr āi mǐ ěr nǐ yīng gāi}
临行前，他们再三叮嘱埃米尔："埃米尔，你应该

很清楚硝化甘油的特性，一定要多加小心！"

"你们放心去吧，这里交给我好了。"

这是埃米尔留下的最后一句话。

就在当天中午，诺贝尔和他的父亲正在洽谈合同时，收到一个令人难以置信的消息："实验车间爆炸，速归！"

等他们赶回工厂，整个工厂已经变成了一片火海，火势凶猛得根本不容许人们靠近。

等到火被扑灭后，人们从残留的灰烬中找出五具遗骸，其中一具便是诺贝尔最疼爱的弟弟埃米尔——这个性情温和、善解人意、头脑聪明又办事认真的21岁青年，为炸药事业献出了年轻的生命。

这个飞来横祸令老诺贝尔悲伤万分，以至于突然中风，卧床不起；母亲卡罗琳更是悲痛欲绝，终日以泪洗面。

诺贝尔则陷入了深深的懊悔中："什么事情不好做，什么事业不能闯，为什么偏要去摆弄危险的炸药呢？"

他原本就虚弱的身体经过长期地劳作和过度的悲伤，终于支持不住了。他从小就有的胃病复发了。同时，还诊断出患了心脏病。

病床上的诺贝尔经过了冷静地思索，他感到自己一定不能被这些挫折击倒，威力强大的炸药是会造成一些事故；但另一方面，它却能更大

de zào fú yú rén lèi   suǒ yǒu cóng shì zhè yì gōng zuò de rén   bāo kuò tā zì jǐ dōu
地造福于人类，所有从事这一工作的人，包括他自己都
shì zài mào zhe shēng mìng de wēi xiǎn
是在冒着生命的危险。

tā jué xīn cóng bēi shāng zhōng yǒng gǎn de zǒu chu lai   chóng xīn fèn qǐ   tā de
他决心从悲伤中勇敢地走出来，重新奋起。他的
xīn fèn dòu mù biāo shì   zhǎo chū zuì ān quán de shǐ yòng   cún fàng hé dà guī mó zhì zào
新奋斗目标是：找出最安全的使用、存放和大规模制造
xiāo huà gān yóu de fāng fǎ
硝化甘油的方法。

zhè tiáo lù wǒ zǒu dìng le
10.这条路我走定了

nuò bèi ěr lái dào lí sī dé gē ěr mó yuē sì gōng lǐ de mǎ lā hú zài
诺贝尔来到离斯德哥尔摩约四公里的马拉湖，在

hú shang gòu zhì le yì zhī píng dǐ chuán zài zhè zhī chuán shang tā jiàn qǐ le yí gè
湖上购置了一只平底船，在这只船上，他建起了一个

shuǐ shang gōng chǎng
"水上工厂"……

dì di āi mǐ ěr de cǎn sǐ gěi nuò bèi ěr dài lái de lì liang duō yú bēi tòng
弟弟埃米尔的惨死给诺贝尔带来的力量多于悲痛，

因为他知道事业的成功必然有所牺牲，而事业的成功正是对弟弟最好的纪念。

他要在制造硝化甘油炸药的同时，研究改进它。

他是这样一个人，一旦决心做某件事，一定要做到底，一定要做好。何况他的事业是有着广阔发展前途的新事物，社会需要它，国家需要它。

当时瑞典正大兴铁路建设，为完成这个新的交通设施，就要开凿隧道，铲平土地。由于瑞典的岩石特别坚硬，所以如果没有克服困难的方法和烈性的炸药，工程是无法进行的。更何况采矿业的崛起也绝对缺少不了优良的炸药。

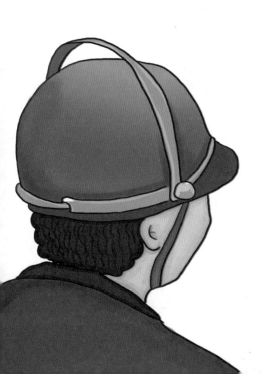

现在的问题是诺贝尔失去了他创业的根据地。

警方严禁诺贝尔的工厂复业，更不准他在距斯德哥尔摩五公里以内的地盘上发展这种危险的事业。

诺贝尔到乡下去寻找用地，但农民们也不愿把土地租给这个"与魔鬼为伍的人"，不让他建立危险的火药工厂。

他只好来到离斯德哥尔摩约四公里的马拉湖，在湖上购置了一只平底船，建立了他的"水上工厂"。

但这个水上工厂不能在某个地方固定下来，因为其他船只都因上次的爆炸事件变

成了惊弓之鸟，他们不停地指责、反对诺贝尔，让他走远点。

为了避开这些令人难堪的麻烦，诺贝尔只能让船不断地改换地方。

而就是这个独一无二的移动式工厂，生产出了不少"诺贝尔专利油状炸药"，为诺贝尔筹得了一些资金。

为了抹去因上次爆炸事故给人们心里蒙上的可怕的阴影，为了增加工厂的订单、增加收入，诺贝尔想到了正面宣传的重要性。

他发出一批请帖，邀请学者、技术人员、土木业者以及军

人前来参观示范表演，请帖内容如下：

各位女士们、先生们：

　　用硝化甘油做成炸药，不仅威力强大，而且安全性很高。关于这一点，似乎不少人有误解。为了证明它的安全与实用，我将做一次表演性的示范，届时欢迎光临指教。

阿尔弗雷德·诺贝尔　敬上

诺贝尔在参观者面前分别用点燃的木棒和烧红的

铁棒插入硝化甘油中，都没有发生爆炸。随后他告诉大家要是用雷管来引发，它就成为威力无比的爆炸物。于是，他用雷管引发了硝化甘油，让大家看得心服口服。

由于诺贝尔的大力宣传，人们对硝化甘油的恐惧心理慢慢消失了，订单也在不断地增加。但这个不大的平底船游荡在马拉湖上总不是长久之计。

后来，经诺贝尔的姑妈介绍，他结识了瑞典的一位富翁斯密特。斯密特先生生性豪爽，喜欢结交朋友，并且是一位很有远见的商人。他听诺贝尔介绍硝化甘油炸药后，马上认为这是一个极好的投资项目。

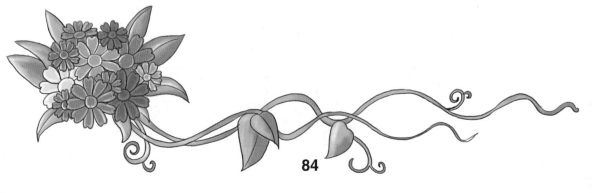

于是，他们合伙开办了制造硝化甘油的公司，厂房设在人烟稀少的郊外。

工厂的建立给诺贝尔的事业带来了新的转机。他马不停蹄地工作着，除了担任总经理外，他还兼任技师、宣传员、推销员、出纳员等职务。

诺贝尔的座右铭是"勤勉"。他不知疲倦地去各地考察，亲自在采石场或矿山作实地爆破工作，他以邮寄资料等方式宣传其产品、介绍使用方法。

在各国的大矿山里以及政府举办的挖掘隧道工程上，到处响起了他所研制的炸药的爆炸声，为各国都节省了人力、物力。

美国在铺设穿越一座大山的铁路工程中，因为使用了硝化甘油炸药，节省了数千万美元的开支。

世界各地的订单如雪片一般，源源不断地飞来。

这时，诺贝尔把他所有的注意力都集中到了国际市场的需求上，为了减少这种油状炸药在跨国运输

85

和搬运等方面存在的危险，他决定把工厂开到国外。

功夫不负有心人，诺贝尔经过坚持不懈地努力，终于在德国、美国建起了自己的公司。

但在那时，人们对硝化甘油炸药还不是太了解，在运输、使用时粗心大意，于是从世界各地纷纷传来爆炸惨祸的消息。

1865年12月4日，一位德国推销员带着10磅瓶装的硝化甘油到美国纽约去推销。他到纽约后，住在一个小旅店里。

下午，他出门了，因为准备晚上回来，就将装硝化甘油的箱子留了下来。看管这箱子的是一个脚夫，他根本不知道硝化甘油是什么东西。他一会儿用这箱子来垫着脚擦皮鞋，一会又用它当椅子坐。

那是一个晴朗的星期日，温度本来就很高。一个侍者看见箱子里有红色的气体往外冒，赶紧叫那脚夫来看。脚夫

mǎ shàng bǎ xiāng zi ná dào wài mian jiē shang xīn xiǎng děng mào wán le jiù méi shì le
马上把箱子拿到外面街上，心想，等冒完了就没事了。

děng tā huí dào lǚ diàn bù yí huì er jiù fā shēng le kě pà de bào zhà
等他回到旅店不一会儿，就发生了可怕的爆炸：

rén bèi zhà shāng lǚ diàn jí zhěng tiáo jiē de bō li chuāng bèi zhèn suì lù miàn suì
18人被炸伤，旅店及整条街的玻璃窗被震碎，路面碎

liè shēn dá mǐ
裂深达1.2米。

nián yuè rì zài ào dà lì yà xī ní yòu yǒu dà bào zhà fā
1866年3月4日在澳大利亚悉尼，又有大爆炸发

shēng zhù yǒu liǎng xiāng xiāo huà gān yóu de huò zhàn wán quán bèi huǐ lín jìn jǐ zuò fáng
生，贮有两箱硝化甘油的货栈完全被毁，邻近几座房

zi yě bèi zhèn dǎo
子也被震倒……

tīng zhe zhè xiē xiāo xi nuò bèi ěr xīn jí rú fén tā zhī dao zì jǐ yán zhì
听着这些消息，诺贝尔心急如焚。他知道自己研制

的炸药是液态的，性质非常不稳定，运输时也容易渗漏，因此容易发生事故。

当年弟弟惨死的画面又浮现在他的脑海中，他告诉自己："一定要研制出更加安全适用的炸药！"

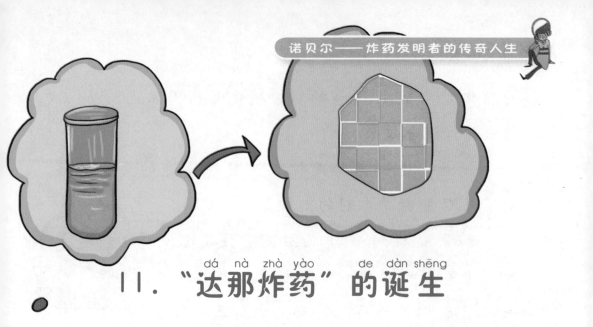

11. "达那炸药"的诞生

诺贝尔用纸、纸浆、木屑、砖屑、炭粉、石膏粉等各种东西，做过无数次实验。这些东西的效果都不理想。最后，他想到了硅藻土……

一连串的事故促使诺贝尔必须马上想出对策。他把床都搬到了实验室，夜以继日地开始了紧张的实验工作。

他首先考虑到，为了便于运输和安全操作，应该把液态

的硝化甘油制成固态的。把硝化甘油同黑色火药、火棉或药纸混合起来。

但是，这一思路是他父亲曾经走过的失败之路。他不得不重新寻求别的出路。

如果能找到一种物质，它没有爆炸性，又不影响硝化甘油的性质，并且还是一种多孔穴的物质，将硝化甘油吸入到这种多孔的物质里，一定能行。

有了方向以后，诺贝尔找到了他所知道的多孔穴的物质。

他用纸、纸浆、木屑、砖屑、炭粉、石膏粉等各种东西，做了无数次试验。但这些东西的效果都不理想。诺贝尔感到非常烦闷。

这天晚上，在做完几次试验后，他走出实验室去透透气。诺贝尔在夜空下伸了伸胳膊，长期地辛苦工作已经使他原本瘦弱的身体更显得单薄了。他边散步边想着实验，不知不觉来到了离实验室不远的海边。

清凉的海风也吹不去他心头的烦恼，他走到一块大的岩石边坐了下来。

他不经意地用手轻打着岩石，突然觉得手上留下了一些粉末，又松又脆。他看了看这些粉末，禁不住大喊出声："对了，我怎么没有想到硅藻土呀！"

硅藻土是硅藻的细胞壁和其他海洋动物的外壳经过长年的沉积而形成的岩石，呈浅黄色或浅灰色，又轻又松软，多孔，容易磨成粉末，有很强的吸收能力。

诺贝尔现在决定用硅藻土作吸收剂。他经过反复试验后，获得了比较合理的配方：三份硝化甘油加一份经过煅烧和筛选的硅藻土。

按照这种配方，制成了硝化甘油和硅藻土合为一体的固体火药。就等着试验它的安全性能了。

诺贝尔首先将它从高处抛下来，没有问题。接着又将它置于铁板上，用铁锤砸，还是没有问题。如果是以前的液态硝化甘油，这样做早就发生强烈的爆炸了。

可是，这种新炸药的爆破力又如何呢？

诺贝尔把它做成棒状，直接放入岩石内钻好的炮眼里，再用雷管引爆它。结果爆炸威力很大。

它的爆炸力比纯的硝化甘油低四分之一，但是仍然比普通的黑色火药高四倍。它的最大优点在于，不会因为震动、撞击、加温而自发地爆炸

随后，诺贝尔亲自到德国的几座矿山，进行了成功的爆破示范实验。

接着，他为这种新型的爆炸物申请了专利权，先后获得了美国、英国和瑞典的专利。

诺贝尔给这种炸药取名为"达那炸药"。"达那"在希腊语中是"强力"的意思。

"达那炸药"的名字，在世界各地传开了。以前曾经对硝化甘油怀有恐惧感，曾经指责、反对诺贝尔的人，都很快改变了看法。报纸也开始赞扬诺贝尔，称他是"一位不向任何艰难困苦低头的青年发明家。"

1868年，瑞典皇家科学院决定授予诺贝尔父子俩莱特斯蒂特金质奖章，以表彰他们为人

lèi zuò chū de jù dà gòng xiàn
类做出的巨大贡献。

duì lǎo nuò bèi ěr de sòng cí shì
对老诺贝尔的颂词是：

biǎo zhāng tā zài shǐ yòng xiāo huà gān yóu zuò wéi yì bān xìng zhà yào fāng miàn de
"表彰他在使用硝化甘油作为一般性炸药方面的
gòng xiàn
贡献。"

duì nuò bèi ěr de sòng cí shì
对诺贝尔的颂词是：

biǎo zhāng tā fā míng le dá nà zhà yào zhè yàng yì zhǒng gèng wéi shí yòng de
"表彰他发明了达那炸药这样一种更为实用的
zhà yào
炸药。"

cǐ shí de lǎo nuò bèi ěr suī rán cháng qī wò chuáng bù néng dòng tan dàn
此时的老诺贝尔，虽然长期卧床、不能动弹，但
shì tā zài yǒu shēng zhī nián róng xìng de huò dé le zǔ guó de kěn dìng gǎn dào yóu
是他在有生之年，荣幸地获得了祖国的肯定，感到由

衷的高兴。

在荣誉面前，诺贝尔想到的首先是他的父亲。

他在给父亲的信中写道：

"父亲，热烈地祝贺您。我的达那炸药微不足道。如果说我还有一些成就的话，那也是因为从小受到您的指教，最后才取得这一发明的。"

诺贝尔不禁想起，自从圣彼得堡诺贝尔父子工厂破产后，回到阔别二十多年的瑞典，自己同父亲，还有当时活着的弟弟埃米尔，在一间狭小、昏暗的实验室里埋头实验，那令人难以忘怀的情景。

还有那次实验车间的爆炸，使他失去了惟一的弟弟，老父从此卧病不起……

诺贝尔不禁泪流满面。

12. 把火药推向全世界

"我希望能够发明、生产、推广强烈的火药或武器。因为，如果大家都知道它具有强烈的破坏力，则不再有人想发动战争了。"

随着达那炸药制造量的急剧上升，诺贝尔的

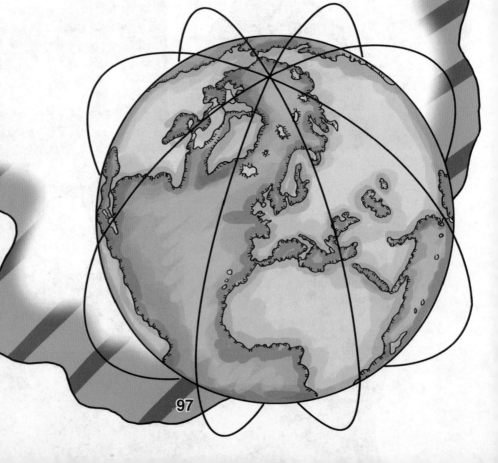

97

声誉几乎传遍了全球的每一个角落。他要不断进取，将炸药推广到全世界。

诺贝尔在德国和美国的工厂进一步扩大，英国的工厂也开张了。而诺贝尔在进军法国市场时却遇到了很大的困难。

因为在法国，火药的制造与贩卖都是政府控制的行为，当硝化甘油问世后，便被列入国家专卖的物品行列。

但诺贝尔还是来到了巴黎。他认识了保罗·巴尔勃。当时巴尔勃在开钢铁厂，他早已听说过诺贝尔的炸药事业，并对他的超人智力和非凡毅力佩服得五体投地。

当巴尔勃知道诺贝尔来到巴黎的消息后，立刻去拜访他。

"诺贝尔先生，对于您的伟大研究工作我真是钦羡不已！尤其是您以前发明的雷管和近日甘油炸药的成功，我非常感兴趣。"

"谢谢你，认识你很荣幸，谢谢你的夸奖。"

"我一直期望能在法国设立甘油炸药厂。法国需要它。"

"我正是为此而来，希望能得到这儿热心人士的赞助，在此设立工厂。"

"太好了，我们想到一块儿去了，我们合作在巴黎开创这一事业吧！"

他们两个立即签了临时合同，准备共同组建一家公司。

但法国政府拒绝了诺贝尔和巴尔勃在法国境内设置炸药工厂的请求，他们的合同变成了一张废纸。

正好这一年，德国和法国之间爆发了战争。

开战以后，德军因使用甘油炸药，一连攻破法军许多重要阵地。法军虽尽力死守，但火

100

药的威力比不上德军。法军屡次败退，而德军则节节进击，攻入法国境内。

"德军使用的炸药威力太大，无法对抗。"参谋长向司令官报告。

"那怎么办？"

"敌军火药的威力远远超过我方，希望我们也能采用高性能的炸药。"

"那是什么火药？"

"那是瑞典人诺贝尔发明的甘油炸药，用硝化甘油作原料。"

"诺贝尔？好像听说过。为什么我方不制造？"

101

"有一个叫巴尔勃的人，曾与诺贝尔一起向我国政府申请制造，但未获政府批准。"

"这是什么话！快去请巴尔勃到司令部来，也许我们还来得及。"

这时的巴尔勃已经应征入伍，正在前线打仗呢！

紧急时刻，法国政府立即允许诺贝尔和巴尔勃建立工厂。

巴尔勃重新见到诺贝尔后对他说："诺贝尔先生，这次在战场上，我亲身体验到了甘油炸药的实际威力，真是太可怕了！"

"你能平安回来就是万幸。"

"甘油炸药使坚固的防御工事一瞬间就瓦解了，很多士兵横尸战场，惨不忍睹！"

诺贝尔听到巴尔勃的描述，心中的凄楚油然而生，他又想起了死去的兄弟埃米尔。

"甘油炸药竟给人类带来痛苦，带来不幸！"诺贝

ěr gǎn dào shēn shēn de zì zé
尔感到深深的自责。

bù   nín qiān wàn bú yào yǒu zhè zhǒng xiǎng fǎ   zhà yào běn shēn wú zuì   shì
"不，您千万不要有这种想法，炸药本身无罪，是

zhàn zhēng dài gěi rén lèi kǔ nàn   rú néng shì dāng shǐ yòng   bǐ rú yòng yú kāi kuàng jí
战争带给人类苦难。如能适当使用，比如用于开矿及

tǔ mù jiàn zhù děng   bú shì gěi rén lèi dài lái lì yì ma
土木建筑等，不是给人类带来利益吗？"

bā ěr bó suǒ shuō de yí qiè   shēn shēn de yìn zài le nuò bèi ěr de xīn zhōng
巴尔勃所说的一切，深深地印在了诺贝尔的心中。

tā yì zhí cóng shì zhà yào de yán zhì   shēng chǎn hé jīng xiāo   dàn tā yì zhí
他一直从事炸药的研制、生产和经销，但他一直

chóu shì zhàn zhēng   zhēn xī hé píng
仇视战争，珍惜和平。

tā rèn wéi zhèng què yùn yòng huǒ yào   bìng bù wēi hài rén lèi   zhì yú dào dǐ
他认为正确运用火药，并不危害人类，至于到底

bǎ tā yòng yú zhàn zhēng hái shi hé píng   nà dōu shì quán shì zhě de shì qíng   rú hé
把它用于战争还是和平，那都是权势者的事情。如何

zài zhè xiàng shì yè zhōng nǔ lì bì miǎn zhàn zhēng ne
在这项事业中努力避免战争呢?

nuò bèi ěr duì zì jǐ shuō wǒ yí dìng yào fā míng shēng chǎn tuī guǎng
诺贝尔对自己说:"我一定要发明、生产、推广

qiáng liè de huǒ yào huò wǔ qì yīn wèi rú guǒ dà jiā dōu zhī dao tā jù yǒu qiáng
强烈的火药或武器。因为,如果大家都知道它具有强

liè de pò huài lì jiù bú huì zài yǒu rén xiǎng fā dòng zhàn zhēng le
烈的破坏力,就不会再有人想发动战争了。"

104

13. 胶炸药

棉胶弄痛了诺贝尔的手指，让他产生了灵感，灵感的火花只会在像诺贝尔这样有长期准备的人的头脑中闪现……

法国的工厂建立之后，诺贝尔就在法国定居了。

他对自己的工作从未有过满足的时候，因为他确信，科学的道路就像一条长长的链子，任何成就都只是其中的一环。

105

他开始设法改良他的炸药产品，并特别把注意力集中在达那炸药的改进上。

他早就想到硅藻土只是泥土，它的作用仅是吸收能爆炸的硝化甘油，它自己既不会燃烧也不会爆炸；也就是说，它虽然增加了硝化甘油的安全性，却降低了它的爆炸力，这无疑是一种损失。

怎样找到一种既安全又不会降低爆炸力的物质来与硝化甘油混合呢？这成了诺贝尔的新问题。

与此同时，美国有一个名叫美纳尔的医科学生，用棉花和硝酸做实验，制成了一种药剂，这种药剂涂抹在伤口上，有治疗的作用。于是这个学生就把它应用到医学上，制成了"棉胶"，它的化学名字叫硝酸纤维素胶片。

正是这种棉胶，引发了诺贝尔开发新产品的灵感。

有一天，诺贝尔在实验室工作时，手指不小心

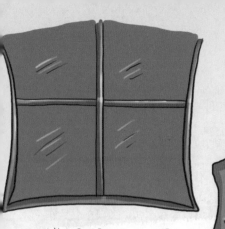

bèi gē shāng le tā
被割伤了，他
jiù yòng mián jiāo fū zhù
就用棉胶敷住
shāng kǒu jì xù gōng
伤口，继续工
zuò
作。

bú liào dào le
不料到了
wǎn shang shǒu zhǐ jìng
晚上，手指竟
tòng de shǐ tā bù néng
痛得使他不能
rù shuì
入睡。

yí mián jiāo
"咦，棉胶
hái shi hǎo hǎo er de
还是好好儿的，
bìng wèi tuō luò ma nán dào shāng kǒu huà nóng le ma
并未脱落嘛！难道伤口化脓了吗？"

tā bǎ zhān zhù shāng kǒu de mián jiāo sī xià yòng shuǐ xǐ jìng shāng kǒu téng tòng
他把粘住伤口的棉胶撕下，用水洗净伤口，疼痛
sì hū jiǎn qīng le yì xiē tā zài tú shàng xīn de mián jiāo shāng kǒu yǐ bú xiàng gāng
似乎减轻了一些，他再涂上新的棉胶，伤口已不像刚
cái nà yàng jù liè de téng tòng le
才那样剧烈地疼痛了。

nuò bèi ěr huí dào chuáng shang hái zài xiǎng zhe dào dǐ shì shén me yuán yīn ne
诺贝尔回到床上还再想着到底是什么原因呢？
yí dìng shì yǒu shén me dōng xi tòu guò mián jiāo qīn rù le shāng kǒu tā cái huì nà
一定是有什么东西透过棉胶，侵入了伤口，它才会那
me téng
么疼。

107

"我在睡前做了些什么？啊！对了，我摸过硝酸。这么说，硝酸就有透过棉胶薄膜的能力了！"

棉胶虽然是医药用品，但它的化学名叫硝酸纤维素，是属于可爆炸性物质；硝酸能透过它，那么硝化甘油能不能渗透到它中间呢？

诺贝尔突然间有所领悟，顾不得身着睡衣就下楼到实验室去，那时已是凌晨四点钟。

"把硝化甘油和硝酸纤维素混合看看，这两种都是爆炸物质，如果两者能完全溶合，必定生成能产生威力更强大的炸药！"诺贝尔作了如此假设后就立刻开始着手去做。

他取出棉胶液和硝化甘油，以各种不同的比例互相混合。试验的

108

结果，在某种比例下，他得到类似果冻一般软硬的胶状合成物。

此时天已大亮，他的助手来上班了。诺贝尔就把第一次制成的这种样品给他看。一瞬间，阳光已照满诺贝尔喜悦的脸，他早已把手指的疼痛忘记得一干二净。

新发明的这种炸药爆炸时只有少量烟雾，爆炸力大大加强。在运输中任凭挤压，只要没有雷管引爆，它就不会爆炸。

因为它是像果冻那样的胶质，诺贝尔就把它命名为胶炸药，也叫炸胶。

"诺贝尔先生，这真是了不起的发明，请赶快发表出来让世人见识见识吧！"诺贝尔的助手向他建议。

"凡事不可操之过急，对于采取哪一种比例来调合或哪一种硝酸纤维素最理想，还得做一番仔细地研究才行。"诺贝尔慎重地说。

为解决这些问题，诺贝尔用了许多种棉胶与硝酸反应，再与硝化甘油混合。一共制成了250种以上的混合物，再分别测试它们的性质……

终于，诺贝尔找到了他认为理想的比例，真正制成了胶炸药。

棉胶弄痛了诺贝尔的手指，让他产生了灵感，但这种灵感的火花，只会在像诺贝尔这样有长期思想准备的人的脑中闪现。而使这小小的火花不至于熄灭，进而迸发成大片的焰火，必须还要付出艰辛的劳动。

胶炸药的发明，同样也凝结了诺贝尔无数个日日夜夜坚持不懈地努力。

14.企业家诺贝尔

"我自己的发明，争取由我自己来带领它走向正确的门径，不应让其他人来取而代之。"诺贝尔有一个原则：凡是由他自己发明的物品，都在自己创办的工厂中制造，并且由自己开辟它们的销售市场。

胶炸药的发明，将诺贝尔的事业推到了顶峰。他不仅是一个埋头搞实验的发明家，还是一位杰出的企业家。

诺贝尔从小就立下大志："我一定要在火药发明上，创下一番轰轰烈烈的事业！"

经过他的努力，甘油炸药取得了成功，但他很快发现："甘油炸药虽具有强大的威力，但对我而言，却没有多大益处，我只是一个单纯的发明家罢了！"

他开始把自己的发明与经济问题联系起来，因为他明白了，他虽然取得专利，使甘油炸药得以普及，但他成了那些唯利是图的火药商人的研究工具，正是那些火药商获得暴利，而自己左右不了火药的销售。

之后，每当进行实验时，诺贝尔都会想："我自己的发明，争取由我自己来带领它走

112

向正确的门径，不应让其他人来取而代之。”

于是他的原则是：凡是由他自己发明的物品，都在自己创办的工厂中制造，并且由自己开辟销售市场。

要从事这么大的一项事业，必须拥有资金。因此，无论是购地皮、设厂房，还是添设备、置器材，都需要大批经费，所以借贷也成为重要环节。

诺贝尔懂得要用借得的资金经营事业，等到获利以后，还本付息，再向银行或其他债主继续借款。问题的关键是必须要取得对方的完全信任，使他们了解自己对这项事业稳操胜券，在这种情况下才能使借贷顺利进行。

诺贝尔有聪明的头脑、过人的口才以及值得别人信任的品格。这些有利因素，使他在事业的大道上，大多能通行无阻。

另外，诺贝尔还要妥善计划他的每一个行动，以免失利。

有一次，诺贝尔计划在意大利建立工厂。但当时意大利对于假冒伪劣产品打击不够严厉，诺贝尔于是首先向政府提出了保护他的产品的申请，将工厂的事往后推迟了。

他的律师认为他顾虑太多了。

"诺贝尔先生，您也未免太多顾虑了！我们已经取

得专利权，别人还能奈何我们什么？"

"商业之道，到处都是陷阱，虽然我们已取得专利，但别人仍可乘隙而入。他们可以模仿我们的产品，改头换面来侵犯我们的权利。尤其是因为我们的事业以全世界为对象，更不能太过大意！"诺贝尔认真地回答道。

正是由于这样的谨慎再加上诺贝尔过人的智慧和全身心的投入，诺贝尔才建立了全世界最大的炸药集团公司，子公司遍布世界各地，这些公司为他赢得了数以万计的财产。

试想，如果诺贝尔只是一位两耳不闻窗外事，一

心只搞纯科学的学者，那么，他的绝大部收分收益将成为别人的囊中之物。这样的话，后来那数额巨大，造福于世人的诺贝尔奖就不可能诞生了。

15.发明"巴立斯梯"

"阿贝耳和您很早就有往来，在火药研究方面常有意见的交换，他对飞行炮弹的成分自然非常清楚，如今竟敢窃为己有，真是太不应该了，太没有道义了！"面对朋友的出卖，诺贝尔该怎么办呢？

企业的成功并没有降低诺贝尔对发明的兴趣。他又回到实验室开始改进胶炸药的实验了。这一次，他要研究的是如何使胶炸药应用于军用炸药以及炸弹的装药上。

胶炸药是用硝化甘油和火药棉合成的，由于它是果冻状的胶质，所以不能放在弹药中，而且这种炸药爆炸时会产生烟雾。诺贝尔要研制一种完全无

烟的炸药。

他和助手们共同研究，把硝化甘油和火药棉以各种不同的比例混合后加以凝固，并做成棒状、板状、颗粒状等大小不同的样品，以便试验它们的爆炸性质。最后他们确定硝化甘油和火药棉各加一半，再加入10%的樟脑，所产生的炸药爆炸时就不会有烟雾了。

诺贝尔把这种炸药取名为"巴立斯梯"。

"巴立斯梯"的最大优点就是爆炸时不会产生浓烟，可以做成大炮里的飞行炮弹、鱼雷等等。

这样一种威力强大而又不冒烟的火药，自然引起了世界各国政府的兴趣，他们争先恐后地购买它的生

^{chǎnquán}
产权。

ér zhè ge shí hou què fā shēng le yí jiàn lìng nuò bèi ěr fēi cháng fèn nù de shì
而这个时候却发生了一件令诺贝尔非常愤怒的事。

yì tiān nuò bèi ěr zài yuè dú yí fèn yīng wén zá zhì tū rán chī jīng de shuō
一天，诺贝尔在阅读一份英文杂志，突然吃惊地说：

zhè shì zěn me gǎo de gē dài tè zhà yào hé wǒ de fēi xíng pào dàn bú shì xiāng sì
"这是怎么搞的？戈戴特炸药和我的飞行炮弹不是相似

de dōng xi ma ā bèi ěr zěn me huì zuò chū zhè zhǒng shì lái
的东西吗？阿贝耳怎么会做出这种事来？"

ā bèi ěr shì shén me rén ne tā shì yīng guó de yí gè huà xué jiā shì nuò
阿贝耳是什么人呢？他是英国的一个化学家，是诺

bèi ěr de péng you tā men cháng qī bǎo chí zhe lián xì jīng cháng tǎo lùn yì xiē huà
贝尔的朋友，他们长期保持着联系，经常讨论一些化

xué fāng miàn de wèn tí
学方面的问题。

bā lì sī tī fā míng yǐ hòu ā bèi ěr gěi nuò bèi ěr xiě xìn qǐng
"巴立斯梯"发明以后，阿贝耳给诺贝尔写信，请

jiāo tā yòng de shì shén me pèi fāng
教他用的是什么配方。

xīn dì shàn liáng de nuò bèi ěr bù dǒng de
心地善良的诺贝尔不懂得

hài rén zhī xīn bù kě yǒu fáng rén zhī xīn bù kě
"害人之心不可有，防人之心不可

wú de dào li tā jū rán jiāng zì jǐ de yán
无"的道理，他居然将自己的研

jiū chéng guǒ yuán yuán běn běn
究成果原原本本

de gào su le ā bèi ěr
地告诉了阿贝耳，

hái gào su tā kě yǐ jiāng
还告诉他可以将

pèi fāng zhōng de zhāng nǎo huàn
配方中的樟脑换

chéng fán shì lín
成凡士林。

119

朋友们听见诺贝尔的话，不由好奇地问道："阿贝耳怎么了？"

"这份英文杂志强调阿贝耳对火药棉的特殊贡献，说他将火药棉和硝化甘油以及少量凡士林混合制成胶质炸药，塑造成各种形状，这些分明是以前我告诉他的嘛！"

"他们在发表的文章中说这些完全是阿贝耳的发明呢！"朋友们也拿过杂志看起来。

"是啊！怎么可以这样呢！"诺贝尔十分气愤。

"阿贝耳和您很早就有往来，在火药研究方面常有意见的交换，他对飞行炮弹的成分自然非常清楚，如

今竟敢窃为己有，真是太不应该了，太没有道义了！"

诺贝尔气愤之余，立刻向英国政府提出控告和抗议，要讨回公道，说明阿贝耳所谓"戈戴特"炸药，事实上应属于他发明的"巴立斯梯"所申请的发明专利范围之内。

双方经过多次商洽，没有结果。诺贝尔只能把这案件推上法庭。但是，诺贝尔怎么也没想到，法院会判他败诉，并赔款2.8万英磅。

其实原因很简单，阿贝耳

zài yīng guó shì shòu rén zūn jìng de huà xué

在英国是受人尊敬的化学

jiā　　yīng guó zhèng fǔ zěn me huì zhī chí

家，英国政府怎么会支持

yí gè wài guó rén ér fǒu dìng zì jǐ guó

一个外国人而否定自己国

jiā de kē xué jiā de fā míng ne

家的科学家的发明呢？

zhè jiàn shì qíng chéng wéi nuò bèi ěr

这件事情成为诺贝尔

yì shēng zhōng zuì yán zhòng de chuāng shāng

一生中最严重的创伤，

bèi péng you chū mài le　　lìng tā yí hàn

被朋友出卖了，令他遗憾

ér tòng xīn　　shòu dào bù gōng zhèng de dài

而痛心；受到不公正的待

yù　　gèng lìng tā qì fèn bù yǐ

遇，更令他气愤不已。

dàn shì　　nuò bèi ěr suǒ zhì zào de wú yān huǒ yào hái shi yīn wèi tā de zuì jiā

但是，诺贝尔所制造的无烟火药还是因为它的最佳

xìng néng　　shǐ de gè guó jìng xiāng cǎi yòng　　wèi nuò bèi ěr dài lái le kě guān de cái

性能，使得各国竞相采用，为诺贝尔带来了可观的财

chǎn

产。

122

16. 遭受迫害

"我多年来一直从事炸药事业，它曾给法国带来无穷的利益，你们竟来封闭我的工厂，简直是无理取闹！"面对法国政府的迫害，诺贝尔十分气愤。

当诺贝尔发明的飞行炮弹完成后，消息很快传到法国陆军总司令的耳朵里，就在他的办公室里，参谋长被召来问话。

"听说诺贝尔又有新发明了，是真的吗？"

"是的，司令官！诺贝尔已将此发明正式公开，它是一种适用于大炮的发射火药，名叫飞行炮弹，并申请了专利。"参谋长回答。

123

"具有多大威力？"

"我没见过，但既然是诺贝尔的发明，想必不会是马马虎虎的东西吧！"

"组合成分呢？"

"据说是硝化甘油和火药棉。"

"是无烟火药的火药棉吗？"

"是的，它类似于我国发明的B火药。"

所谓B火药就是法国教授韦爱乐研制成的几乎不冒烟的胶炸药。韦爱乐把它命名为B火药。

因为这位教授在政府里有靠山，所以他的发明立刻被法国的陆海军所采用，而诺贝尔发明的更有威力的"巴立斯梯"却一直没有被采用。

虽然法国军部对诺贝尔的新火药有浓厚的兴趣，但由于诺贝尔显赫的声望遭到司令官的忌妒，

他不愿购买新火药来助长诺贝尔的声望，决定只采用法国人制造的 B 火药。

与此同时，意大利政府正在大力采用"巴立斯梯"，并希望立即取得它的生产权。于是，诺贝尔就把专利权卖给了意大利政府。

这下可把法国人惹怒了。诺贝尔既生活在法国，又在法国工作，怎能随意把"巴立斯梯"的专利卖给意大利呢！

于是，法国的新闻界首先对诺贝尔作猛烈地攻击，并且正面骂他是间谍，诬蔑他出卖的是法国研究所的秘密。

在一般民众的愤怒与混乱的局面下，他被法国当局判处两个月的监禁。

接着在法国陆军总司令的正式命令下，以违反法国火药专卖法的罪名派巡警搜查并最后封闭了诺贝尔的实验室。

同样，诺贝尔在法国的工厂，

125

禁止制造一切"巴立斯梯"，一些实验用的炸药被罚充公，实验设备也被没收了。

诺贝尔勃然大怒："我多年来一直从事炸药事业，它曾给法国带来了无穷的利益，你们竟来封闭我的工厂，简直是无理取闹！"

他向来执行任务的警察提出强烈抗议："这是我私人的研究室，不属于工厂任何一个部门，你们擅闯民宅，难道不怕违反民法吗？

"真是无法无天，岂有此理！随便捏造一个罪名诬告我、破坏我

126

的工厂，B火药算什么？你们这样做的后果，只会让法国遭受重大的损失，我再也不想逗留在这种不讲道理的国家了。"

　　诺贝尔太伤心了，他决定离开久居的法国。

　　他希望能回到自己的故乡瑞典去，但在意大利的工厂已经建成了，而且意大利是个气候温暖、风景宜人的国家。

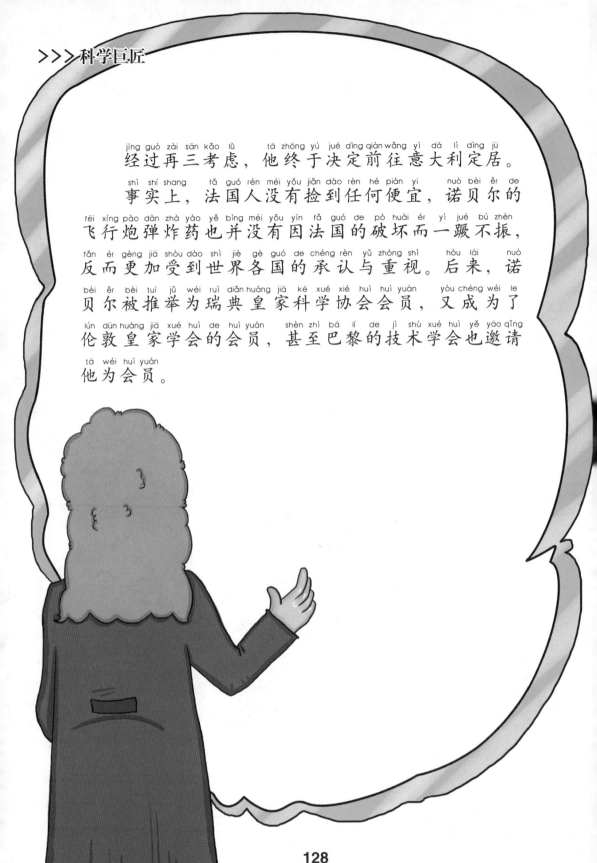

经过再三考虑，他终于决定前往意大利定居。

事实上，法国人没有捡到任何便宜，诺贝尔的飞行炮弹炸药也并没有因法国的破坏而一蹶不振，反而更加受到世界各国的承认与重视。后来，诺贝尔被推举为瑞典皇家科学协会会员，又成为了伦敦皇家学会的会员，甚至巴黎的技术学会也邀请他为会员。

17.圣莫雷研究所

"我是一个忠实的和平主义者，与其把我的精力用在发明危险的杀人武器上，倒不如把我的时间更多地花在日常用品的发明上。"在意大利圣莫雷的研究所里，诺贝尔对前来采访的记者这样说。

诺贝尔在法国遭到不公平的待遇后，来到了意大利的圣莫雷，它是意大利的一个海滨城市，美丽而宁静。

诺贝尔选中了这样一个天堂般的小城作为他的居所，他在此建立了一个研究所，其中包括图书馆、实验室和发电所。

诺贝尔来到圣莫雷之后，一扫在法国受挫时的阴郁心情。他欢快自得、满面春风，不仅更能安心于火药的研究，对于以往曾闪现在他心中的许多构想，以及酝酿已久但又一直无法着手的各项研究，都可以一一进行了。

"真没想到，诺贝尔先生您除了研究火药以外，还研制人造纤维。"一位来到圣莫雷研究所参观的新闻记者惊讶地感叹道。

"哈哈，没想到人造纤维也让你惊奇。"

"我认为，似乎只有强力的爆炸物品才能代表诺贝尔先生的事业，也才能构成引人注目的报道，值得我们采访。"

"不会的，那是太片面了，你看这些线丝多么美呀！"

"哦，确实美丽，但我怎么也想不出它们也是通过化学的方法制成的，它们也会受到诺贝尔先生您的青睐。"

"这你就不太懂了，你知道这个玻璃器具上用来穿

131

过细线的小洞是怎样形成的吗？"

"哇，这么小的洞，恐怕比针眼还细吧！"记者凑近仔细地观察，连连发出感叹声。

"是的，但这不难做到，只要把纤细的白金丝放入玻璃器具中，等它凝固后再用一种酸溶化其中的白金丝，就可留下这么一个小洞了。"

"真是奇妙的方法，今天让我大开眼界了。"

记者跟着诺贝尔继续在研究所里参观。

“这又是什么呢？”那位记者问诺贝尔。

“这是人造皮革，它的价格比真的皮革要低得多，而且色彩艳丽、品种繁多。”

“那它们是怎么制造出来的呢？”

“它的制造与炸药有异曲同工之妙，它也是由火药棉与不易挥发的液体混合所成，质地柔软而轻便，此外，我还有制造人造橡胶的打算呢！”

诺贝尔回答问题的热情态度和这些问题的趣味性，强烈地吸引着这位记者。

他接着又问：“诺贝尔先生，您曾说过火药的用途

极广，它们果真能用在许多方

面吗？"

"是的，我是一个忠实的和平主义者，与其

把我的精力用在发明危险的杀人武器上，倒不如

把我的时间更多地花在日常用品的发明上。"

"我深表赞同。咦！这些像砂一样的东西是

什么？"

"这是氧化铝，它是制造人造宝石的原材料。"

"人造宝石。"

"是的，红宝石和蓝宝石

都是铝氧化物，也就是氧

化铝所构成的稀有宝石；

但要使氧化铝先溶解再凝

固，却不是一件简单

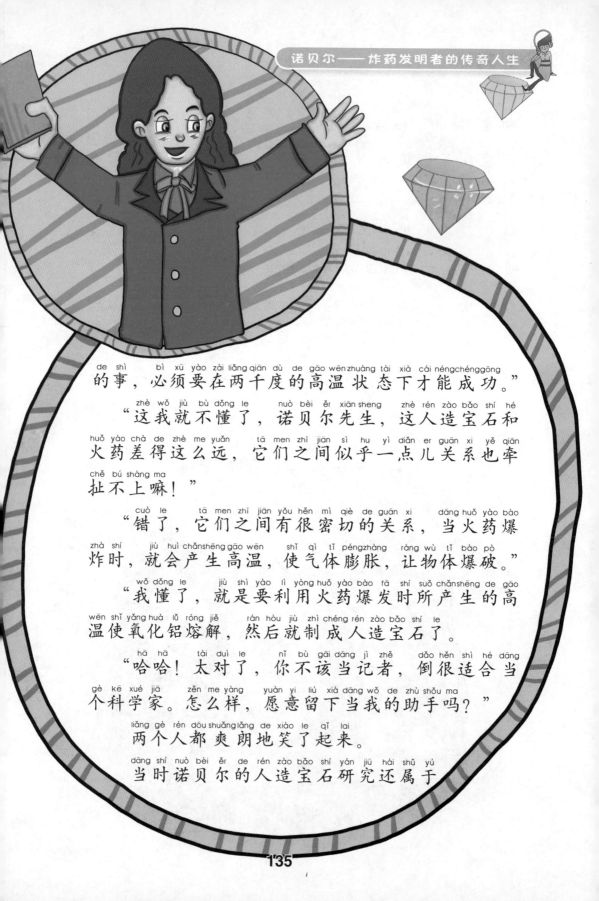

的事，必须要在两千度的高温状态下才能成功。"

"这我就不懂了，诺贝尔先生，这人造宝石和火药差得这么远，它们之间似乎一点儿关系也牵扯不上嘛！"

"错了，它们之间有很密切的关系，当火药爆炸时，就会产生高温，使气体膨胀，让物体爆破。"

"我懂了，就是要利用火药爆发时所产生的高温使氧化铝熔解，然后就制成人造宝石了。

"哈哈！太对了，你不该当记者，倒很适合当个科学家。怎么样，愿意留下当我的助手吗？"

两个人都爽朗地笑了起来。

当时诺贝尔的人造宝石研究还属于

初创时期，他合成的人造宝石实在太过细小，以至于只能在显微镜之下才能观察欣赏，而没有达到实用的程度。

现在，世界各地都可以找到的人造宝石就是以诺贝尔的这一发明为基础改进而成的。

圣莫雷研究所成了诺贝尔从事各种发明的根据地。他在火药领域中的最后发明——累进的无烟火药，具有特殊用途的"巴立斯梯"改良型，就诞生于圣莫雷。

18.其他工业发明及事业

一个真正的科学家，除了要在自己的领域取得成就外，还要了解科学的各个领域。诺贝尔就是这样的科学家。

诺贝尔的发明才能，不仅限于炸药。

他拥有发明家必需的想象力。他不仅有别出心裁的灵感，而且有坚持不懈的努力。

他的想象力遍及各个方面。除人造纤维、人造皮革、人造宝石等应用化学外，他对电学、光学、机械学、

枪炮学、生物学和地理学也有兴趣。

在"巴立斯梯"研究成功后的几年中，他发明改进了许多武器。

以往旧火炮的炮弹只能对准视线所及的物体，万一没有瞄准，还要重新调整炮口。

如果炮弹落在目标前方，炮口要往下按；如果炮弹在目标后面，炮口就要往上抬，总得经常移动。有时候经过好几次调整，还不一定能击中目标。

诺贝尔自己设计了一种大炮，使用他发明的发射火药，只要测出正确的距离，并调整火药的装药量以及炮口的瞄准方向，稍加计算就可命中目标。

tā hái zhì zào le yì zhǒng wú shēngqiāng
他还制造了一种无声枪。

nuò bèi ěr duì bié ren de fā míngchuàng zào huò kē xué shì yè yě jìn qí suǒ
诺贝尔对别人的发明创造或科学事业，也尽其所

néng jǐ yǔ duō fāngmiàn de bāng zhù
能给予多方面的帮助。

ruì diǎn yǒu liǎngxiōng di céng nǔ lì de yán jiū fā míng zì xíng chē
瑞典有两兄弟曾努力地研究发明自行车。

dāng shí rén men dōu rèn wéi zhè liǎngxiōng di shì yì xiǎng tiān kāi xiōng di liǎ dào
当时人们都认为这两兄弟是异想天开，兄弟俩到

chù chóukuǎn què wú rén lǐ cǎi hòu lái tā men xiǎng dào le nuò bèi ěr yú shì
处筹款，却无人理睐。后来，他们想到了诺贝尔，于是

xiě xìn xiàng tā qiú zhù
写信向他求助。

诺贝尔看了两兄弟的信和计划书以后，立即投资 4 万英镑，资助他们开办了自行车公司。

他俩在诺贝尔的资助下，开始了自己的事业，主要发明有：附有变速器的自行车、高性能的蒸汽锅炉等，并在这方面称雄世界。

诺贝尔曾高兴地说："能与富于天才而又诚实、谦虚的年轻人一起工作，令人感到愉快。"

1890 年，瑞典的一位年轻有为的学者约翰逊正在从事输血研究。

诺贝尔了解到当时约翰逊的工作条件十分艰苦，立即拿

出5万美金作为支持，因为他认为能将这样的技术好好利用，必定可以造福人类。

像诺贝尔这样有才华而思维敏锐的科学家当然也注意到了航空技术领域的新鲜事物。

1896年，瑞典工程师安德列计划搭乘气球去北极探险，诺贝尔不惜以8万美金的巨款支持他的行动。

这在当时不少人看来是不可思议的，他们认为安德列的行为无异于自杀。

可是诺贝尔不这样想，他认为无论哪一方面，只要拿出所有已知的科学知识予以支持，从而提高人类文化，追求人类幸福，那就是至高无上的表

现，就应得到肯定。他写道：

"如果安德列抵达目的地，不，只要他成功一半的话，那就会感动世人之心而使他们产生新的观念与新的改革，从而对和平有所贡献。

"因为无论何种新发现，会在人类的脑海中留下深深的痕迹，而这种痕迹又将刺激下一代的脑筋，使之在文化领域里产生新的思想。"

永远站在科学的最前沿，永远以改变人类的生活为目的，这就是诺贝尔的品质。

19.诺贝尔奖
nuò bèi ěr jiǎng

"将我的资产变成金钱，存于妥当的地方保管；
jiāng wǒ de zī chǎn biàn chéng jīn qián   cún yú tuǒ dàng de dì fang bǎo guǎn

这笔资产就成为基金，其利息作为奖金。每年分配
zhè bǐ zī chǎn jiù chéng wéi jī jīn   qí lì xī zuò wéi jiǎng jīn   měi nián fēn pèi

一次，奖给在过去的一年中，对人类贡献最多的那些
yí cì   jiǎng gěi zài guò qu de yì nián zhōng   duì rén lèi gòng xiàn zuì duō de nà xiē

人……"
rén

1896 年 12 月 10 日凌晨两点，阿尔弗雷德·诺贝尔终因脑溢血而结束了他艰苦奋斗的一生。

他终生未婚，没有子女，他的一生都奉献给了他热爱的科学事业。

他去世之后，留下了一封永远造福人类的遗书，主要内容如下：

我余下的资产要变为金钱，存于妥当的地方保管；这笔资产就成为基金，其利息作为奖金，每年分配一次，奖给在过去的一年中，对人类作出最多贡献的那些人。

上述利息应均分为五份，按下列方法来分配：

一份奖给在物理学

1. 界有最重要发现或发明的人；

一份奖给在生理学或医学界有最重要

2. 发现的人；

一份奖给在实用化学方面有新发现或

3. 改良的人；

一份奖给在文学方面写出最优秀作品

4. 的人；

最后一份奖金的受奖者是能以最大的

努力、有效地促进国际间合作，废除或裁减

常务军队，以及能组成和平会议的人。

我指定的遗书执行人是拉古纳·索尔

曼（他是随同诺贝尔在国外工作的瑞典人，诺贝尔的好友）。

……

我确实希望在发给奖金时，不考虑受奖人的国籍、民族、肤色以及任何问题，应审查谁是最佳得奖者……

诺贝尔的遗书公布之后，执行人拉古纳·索尔曼立即着手清理他的财产，变卖诺贝尔在世界各地所开设的工厂中所占的股份，组成诺贝尔基金会。

诺贝尔的遗产在缴纳财产税后，即成为诺贝尔基金会的基金，总额在3100万瑞典克朗以上，相当于200万英镑。

基金会的章程及颁奖机关在1900年6月29日的瑞典国会上，由瑞典国

王正式公布。

诺贝尔基金会从此成为一个独立进行活动、不受政府管理的组织。它的代表是董事会，由5名成员组成，其中1人担任董事长，董事长由瑞典政府任命，其他董事由各颁奖团体指定。

董事会负责管理基金。例如投资股票市场、房地产等各方面，以增加基金会的收入。

除了董事会之外，诺贝尔基金会还设有理事会，共有15名理事，由各颁奖团体选举产生。他们主要负责诺贝尔奖的评选工作。理事会每4年改选一次。

诺贝尔基金会的章程由22条正文及4条临时规定组成，其中前面的13条是有关评选的一般规定，后8条是管理基金会的方式，最后1条为有关变更章程的规定。

该章程所定的颁奖机构如下：

一、瑞典皇家科学院。负责颁发诺贝

一、尔物理学奖和诺贝尔化学奖。

二、瑞典卡罗琳医学院。负责颁发诺贝尔生理学奖或诺贝尔医学奖。

三、瑞典文学院。负责颁发诺贝尔文学奖。

四、挪威诺贝尔委员会。负责颁发诺贝尔和平奖。

因为在诺贝尔去世时,挪威与瑞典是最亲密的联盟国家,所以,诺贝尔在遗嘱中指定由挪威来颁发和平奖。

后来,由于诺贝尔奖的声望越来越高,

1968年瑞典银行在其300周年纪念之际，决定设立经济学奖，它的全称是：阿尔弗雷德·诺贝尔经济学纪念奖。

瑞典银行通过捐赠方式通知诺贝尔基金会将每年一份的金额（相当于同年度一份诺贝尔奖的奖金额，并另加金额的65%）作为评选工作的费用，交由其处理。

诺贝尔基金会自1969年开始，将经济学奖交由瑞典皇家科学院颁发，和其他诺贝

尔奖一起，同时举行授奖仪式。

除了上述颁奖机构之外，诺贝尔基金会章程还规定了诺贝尔奖的申请与评定程序。

诺贝尔奖的申请不是由具有研究成果的个人或团体直接提出，而主要是采取推荐的方式。

每年9月，诺贝尔委员会向世界各地有关的科学家、研究院成员和大学学者发出通知，向他们征询下一年度的诺贝尔奖候选人提名；次年2月1日之前，这些推荐材料必须送达诺贝尔委员会（即诺贝尔基金的理事会）。

诺贝尔委员会从2月1日开始，对收到的获奖候选人推荐材料进行初步筛选，并由下属的诺贝尔研究所对所推荐的研究成果进行调查研究。

委员会成员在经过一番详尽地分析、激烈地争论之后，于同年初秋，向各颁奖机构提交秘密报告和推荐材料。

各颁奖机构在对经过初选的候选人及其成果进行评议后，再采用秘密投票方式决定评选结果。10月中旬前后，公布评选结果。

整个过程都是在严格保密的情况下进行的。

各奖项中，除了和平奖以外，物理学、化学、生理学或医学、文学、经济学奖，只授予个人。如果一个成果由两人或三人合作取得，则平分奖金；

如果有两人或三人同时分别得到某一研究成果，也平分奖金。但一份奖的获奖人数不得超过3人。

和平奖，在多数情况下授予个人，但是也可以授给机构和社团组织。

诺贝尔奖金刚开始的时候，根据各学科的不同，只有3.1万美元到7.2万美元。

后来由于基金会的不断发展以及社会各团体的捐赠，在1994年的时候已增长到约143万美元。

诺贝尔虽已离开人间，但他所设立的诺贝尔奖却光芒万丈地展现在世人面前。

1901年12月10日，即诺贝尔逝世五周年纪念日，在斯德哥尔摩举行了第一次诺贝尔奖颁奖典礼。

那天，在瑞典是一个已近年关、昼短夜长的寒冷日子。然而大家的心都激动不已，瑞典国王将亲自颁奖，并以各种不同的语言介绍每位受奖人，这是个不平凡的日子。

shòu jiǎng zhě zuò zài huì chǎng jiǎng tán liǎng cè de zuò wèi
受奖者坐在会场讲坛两侧的座位

shang jìng tīng guǎn xián yuè duì yōu yáng de yǎn zòu jí zhǔ chí rén lǎng dú
上，静听管弦乐队悠扬的演奏及主持人朗读

de duì měi wèi dé zhǔ de tuī jiàn cí
的对每位得主的推荐辞。

yǐ zi zuò diàn shì pí zhì de kào bèi kè yǒu měi lì de fú diāo
椅子坐垫是皮制的，靠背刻有美丽的浮雕，

fú diāo shang xiāng yǒu mù kè de shī zi tóu zhè shì ruì diǎn wáng shì de biāo
浮雕上镶有木刻的狮子头，这是瑞典王室的标

zhì
志。

kuí wu de ruì diǎn guó wáng ào sī kǎ èr shì zuò zài jiǎng tán xià
魁梧的瑞典国王奥斯卡二世，坐在讲坛下

guān zhòng xí shǒu pái zhōng yāng de wèi zhi shang tā shén sè sù mù ér zhuāng
观众席首排中央的位置上，他神色肃穆而 庄

yán zhuān zhù de líng tīng zhe duì shòu jiǎng zhě de tuī jiàn cí
严，专注地聆听着对受奖者的推荐辞。

jiǎng tán zhōng yāng yǒu yí dào jiē tī zhè shì zhuān wèi huò jiǎng rén shè
讲坛中央有一道阶梯，这是专为获奖人设

立的。主持人讲解完毕后，紧接着开始颁奖。

瑞典国王从座位上慢慢起身，他只是在原位上站立，而不走上讲坛。

主持人一一高呼受奖人的姓名，被叫到的得主，缓步从讲坛中央的阶梯走下，来到国王面前，恭敬地行礼。

国王伸手与受奖人握手，并把装有诺贝尔奖牌的盒子连同奖状与奖金颁发给得奖人。

得奖人接过后，用双手平托着，后退走上讲坛，发表他们的受奖演说。

此时，参加典礼的各界学者鼓掌，乐队奏乐，颁奖典礼在庄严肃穆的气氛中完满结束。

每届得奖人的姓名都将流芳百世，永享最大的荣耀。

诺贝尔生前为人类发明了许许多多的产品，为促进人类文化发展与世界和平做出了巨大的贡献。他的精神至今仍激励着人们，为人类的文明与和平而奋斗！

图书在版编目（ＣＩＰ）数据

诺贝尔：炸药发明者的传奇人生 / 王光军编著. --
南京：南京出版社，2012.9
（科学巨匠）
ISBN 978-7-80718-949-7

Ⅰ．①诺… Ⅱ．①王… Ⅲ．①诺贝尔，
A.B.（1833~1896）－传记－少儿读物 Ⅳ.
①K835.326.13-49

中国版本图书馆CIP数据核字(2012)第064938号

丛 书 名：科学巨匠
书   名：诺贝尔——炸药发明者的传奇人生
作   者：王光军 编著
出版发行：南京出版社
　　　　　社址：南京市成贤街43号3号楼　　　邮编：210018
　　　　　网址：http://www.njcbs.com　　　电子信箱：njcbs1988@163.com
　　　　　联系电话：025-83283871、83283864（营销）　025-83283883（编务）

出 版 人：朱同芳
总 策 划：刘成林
责任编辑：程 瑶　王国钦
装帧设计：陈淑芳
责任印制：杨福彬

印   刷：北京中创彩色印刷有限公司
开   本：787毫米×1092毫米　1/16
印   张：10
字   数：78 千
版   次：2012 年 9 月第 1 版
印   次：2012 年 9 月第 1 次印刷
书   号：ISBN 978-7-80718-949-7
定   价：24.80 元

营销分类：少儿 教育

科学巨匠

诺贝尔

炸药发明者的传奇人生

Zhayao Famingzhe De Chuanqi Rensheng

王光军◎编著

南京出版社